新NISA対応改訂版

投資ど素人が投資初心者に
なるための
株・投資信託・
NISA・iDeCo・
ふるさと納税
超入門

本書について

投資を学びたいという人は増えてきましたが、意気込んで初心者向けの本を買っても、それすら理解できない人もたくさんいます。
そんな人が「**初心者向けの本を理解できるようになる**」ために作った本が前作にあたる「投資ど素人が投資初心者になるための 株・投資信託・つみたてNISA・iDeCo・ふるさと納税 超入門」です。

そしてこのたび、前回の内容に加筆、修正をして改訂版として出版することになりました。

「かんたん」「誰でもわかる」系の本ですら挫折してしまう人にも理解しやすいように、本書では二人の女性が会話しながら進める形になっています。
できるだけ浅く広く、この二人が投資の基礎の基礎だけをお話しします。

トウ子（38）
金山の先輩

金山（28）
トウ子の後輩

ただし、できるだけかんたんに解説するために、内容を省いた部分も多くあります。だからぜひ、この本を読んだ後は初心者向けの本やネット記事を読んで勉強してください。

この本を読んだ後なら、初心者向けの本に書いてあることが理解できるようになり、「投資のスタートライン」に立つことができているはずです。

著者

CONTENTS

PART 1 投資の基礎と株

PART 2 投資信託とNISA

PART 3 年金とiDeCo

PART 4 ふるさと納税

PART 1

投資の基礎と株

▌「利回り」ってなに？

投資の勉強をする前に、投資に関わる言葉をいくつか先に覚えよう。まずは「利回り」から。聞いたことある？

利回り……

「利回り3%」や「利回り5%」みたいな使い方をするんだけど、投資の利益はこの「利回り」で考えるよ。

利回りを簡単にいうと、「元本のお金が1年で増える割合」のこと。例えば、100円を投資して、1年後に103円に増えたら、3%増えたことになるよね。このときの利回りは3%になる

利回り3%とは……

100円 ⟶ 103円

3%アップ ＝ 利回り **3%**

じゃあ、100万円が1年で105万円になったら利回り5%、120万円になったら利回り20%ってことだね。
利回りが大きくなるほど、リターンが大きいんだ！

そのとおり。
ただし、利回りが大きい＝利益が大きいってことは、その分危険も大きい投資になるってことは覚えておこう。
利回りが高い投資は、大きく増えるチャンスもあるけど、大きく損

をする危険もある投資ってことだからね

それはなんとなくわかるなぁ

 例えば、銀行の普通預金の金利は0.001％くらいでほとんど増えないけど、銀行に預けておいたお金が消える危険もほとんどないよね？

その逆が、すごく増えるかもしれないけど、一気にお金がなくなるかもしれない投資。

例えば、急成長している暗号資産（仮想通貨）に投資したら1年で利回り200％になるかもしれない。でも、一気に暴落して元本がなくなることもありえるよね

利回りが低い＝比較的安全な資産運用だけど儲けも少ない、利回りが高い＝比較的危険な資産運用だけど儲けが大きいって感じだよね

 どのくらいの利回りを目指すかは、言い換えればどれくらいの危険を容認できるかってことなの。

高い利回りを目指すなら、それだけお金が減る可能性も許容しないといけないね

「単利」と「複利」を覚える

 利回りの意味がわかったら、次は、運用で得た利益の受け取り方について考えてみよう。

もしあなたが100万円の元本を持っていて、それを利回り5％で運用して利益を受け取っていたとする

100万円投資して、1年で5万円の利益が出たってことだね

 そう。その105万円、あなたならどうする？

そうだなぁ…… 100万円はそのまま投資を続けて、利益の5万円だけ使おうかな。5万円で国内旅行にでも行こうかな〜

 なるほど。つまり利益の分だけお小遣いにして、2年目も元本の100万円で投資を続けるんだね。
それで2年目も5万円の利益が出たら……?

また、2年目も5万円だけ引き出して使う!
毎年5万円のボーナスがあるみたいな感じでいいね!

 それを図に表してみたのが次の図よ。この図のように、元本に一定の利息がついていくことを「単利」というの。

さっきの話みたいに毎年100万円に5%の利益が出ている状態だね

単利で毎年5%の利益を受け取る図

 もちろん、現実は毎年一定の利回りを出せるわけじゃないけど、ここではあくまで、毎年5%の利回りで運用できた場合として考えてね

毎年、5万円の運用益はうれしいな!

 でも、もし、毎年5万円の利益を引き出さずに、この5万円を翌年の元本に追加したらどうなると思う?

え、どういうこと？

図で解説するね。
次の図のように、運用で出た利益を翌年の元本に含めると、翌年の元本は105万円になるよね。

つまり2年目は105万円を運用することになる。**その年の運用益は105万円の5%になるから、5万2,500円になるの。**

その運用益も引き下ろさずに、また元本に加えてさらに運用を続けるとする。すると翌年の元本は110万2,500円になって、その年の運用益は5万5,125円になるの。そして、この5万5,125円の利益をさらに元本に追加していくと……

利益を翌年の元本に含めて運用していくと……

このような運用益を元本に加えて運用していく利益の取り方を「複利」と呼ぶよ

「複利」でどんどん利益が大きくなっていく

単利のときは、毎年の利益が5万円だったのに、複利になると、運用益が毎年大きくなってるね

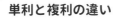

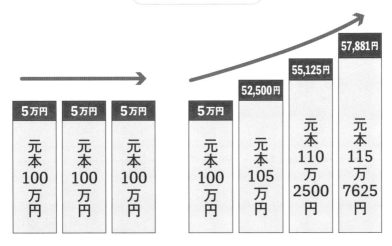

 そう。
得た収益を使ってしまわずに、ふたたび投資する「複利」を使えば、どんどん元本が大きくなって、それに伴って利益が大きくなっていく。利息が利息を生んで、雪だるま式に利益がふくらんでいくよ。

単利と複利では、最初は同じ100万円で投資をはじめても、時間が経てば経つほどに、得られる利益に大きな差が生まれていくの

時間が経つほど、複利のほうがお金が膨らむんだ

 複利は時間が経てば経つほど、力を発揮する。

まるで雪の球が転がって大きな雪だるまになるように、長い時間をかけることで利益は膨らんでいくの。

次の図は、100万円を利回り5%で運用した場合に資産がどのように推移していくかを表した図だよ

100万円を利回り5%で運用した場合の資産の増え方の違い

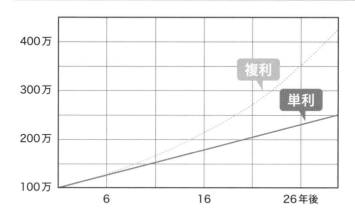

複利のほうが利益の曲線が大きく膨らんでいっているね！

 最初は単利でも複利でも利益はあまり変わらないんだけど、時間が経てば経つほど、利益の差が大きくなっていくのがわかるよね。

投資で利益が出たらすぐに使いたくなってしまう気持ちはわかるけど、それを再投資に回すとこんなに利益が増えるってことを覚えておくと、今後どうするかの選択肢が増えると思うよ

利益を再投資することが、大きく投資で儲けるコツなんだね

 そう。それと、複利ではできるだけ長い時間をかけることもポイントなの。上の図を見ても、時間が経てば経つほど、利益の曲線の膨らみが大きくなっているのがわかるよね。

❶利益を再投資に回す
❷長い時間をかける

この2点が複利で大きな利益を得るポイントになってくるよ

キャピタルゲインと インカムゲイン

投資での利益の取り方を覚えよう

 単利と複利を覚えたら、次に覚えてほしいのが**キャピタルゲイン**と**インカムゲイン**という言葉

おぅ……。いきなり難しい言葉きたな……

 投資での利益の受け取り方は、2種類に分かれるんだけど、それが「キャピタルゲイン」と「インカムゲイン」なの

■ 投資の利益の種類は2つ

・キャピタルゲイン
・インカムゲイン

 どちらも**投資の利益を指す言葉**なんだけど、こんな違いがあるよ。

❶ キャピタルゲイン ………… 売買で得られる利益のこと
❷ インカムゲイン …………… 配当金や利息で得られる利益のこと

では、1つずつ見ていこう！

① キャピタルゲインとは

 まずは、キャピタルゲインから。
キャピタルゲインは、**売買の差額で儲ける利益のこと**。

例えば、あなたが1,000万円で家を買ったとする。そして1年後に1,500万円でこの家を売却した。そしたら利益はいくらになる？

500万円儲かるよね

そのとおり。売買益で500万円儲かった。これがキャピタルゲイン。

この家の例のように、**売買で出た利益をキャピタルゲインと呼ぶよ**

| 1,000万円で購入 | | 1,500万円で売却 |

500万円
利益！

1年後

売買で出た利益 = キャピタルゲイン

② インカムゲインとは

 同じく家の例でいうと、1,000万円で家を買って**保有したまま得られる利益をインカムゲインというよ**

保有したまま得る利益？

 例えば、1,000万円で家を買って、月10万円の家賃で人に貸すと、貸している間ずっと毎月10万円の利益が発生するよね。
このように、**保有している間ずっと得られる利益がインカムゲイン**だよ

| 1,000万円で購入 | | 月10万円で人に貸す |

毎月
10万円の
利益！

賃貸物件に

保有したまま得られる利益 = インカムゲイン

同じ「家を買う」という不動産投資でも、

・家を高く売って差額を利益にする‥‥‥‥キャピタルゲイン
・家を貸して家賃収入を得る‥‥‥‥‥‥‥インカムゲイン

という2つの利益があるってわけか

不動産投資のキャピタルゲインとインカムゲイン

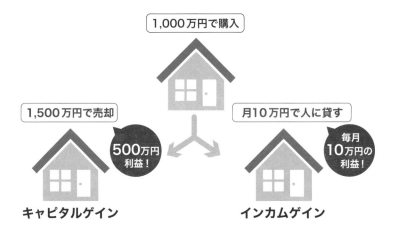

そういうこと。

今回は不動産の例で話したけど、他の投資でも同じ。
今後、投資で利益を得ようと思ったとき、それがどちらの利益を得る投資なのか考えてみてね

投資の種類と特徴をざっくり覚えよう

投資ってなんだろう？

 投資の種類といえば、何を思い浮かべる？

 うーん、そうだな。やっぱ、株とか不動産かな。最近は暗号資産（仮想通貨）も話題だよね

 そうだね。投資といえば、株や不動産が有名だよね。
投資の種類はさまざまだけど、「利益を得る目的でお金を出して、リターンを得ること」を総称して投資というよ。

投資の対象が、会社であっても土地であっても金であっても……「将来の利益のために、先にお金を出すこと」という面はどんな投資でも同じだよ

株式投資って何？

 ここからは、具体的な投資の種類について見ていこう。
まずは「株式投資」から。投資の王道だよね！

 うん。投資といえば、株って感じ！

 個人的意見としては、投資をはじめようと思ったら、まずは株から勉強していくのがいいと思う。その理由は、日本人に一番身近な投資だから。
ニュースでは毎日株価のことを聞くし、本やネットでも情報を集めやすいから、親しみを持ちやすいよね

 周りにやってる人も多いしね！

 株式投資は、会社が発行した株券を投資家が買うところからはじまるよ

株って会社が発行しているんだよね。昔、学校で習ったような気がする！

そう。
会社は資金調達の目的で「株式」を発行して、それを投資家に買ってもらうの。すると会社は資金を得られるよ

株を発行する会社と株を買う投資家

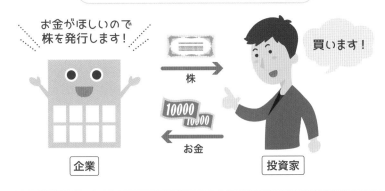

株式は会社の経営権。
「会社の経営に口を出す権利」と考えればOKだよ。株式を持っている投資家は、その会社のオーナーの1人になる。株式を持っている人を株主と呼ぶよ

会社の業績を喜ぶ株主（オーナー）

詳しいことは後で話すけど、株主はオーナーだから、会社が儲かったら「配当金」と呼ばれるお金や株主優待の商品をもらえるよ。
これは株を持っていることで得られる利益だから「インカムゲイン」だね

株主優待って聞いたことある！　株主優待だけで生活している人を
テレビ番組で見たことあるよ

 そして、株式は売買できるという特徴がある。
例えば、あなたがA会社の株を100万円で買って、105万円で売っ
たら、5万円の利益になるよね。これが株式のキャピタルゲインだ
よ

なるほど。株式投資にも、「インカムゲインで利益を得る方法」と「キ
ャピタルゲインで利益を得る方法」があるんだね！

株のインカムゲインとキャピタルゲイン

配当金や株主優待
インカムゲイン

株を売買して利益を得る
キャピタルゲイン

FXってなに？

 株の次に有名な投資といえば、**FX**じゃないかしら

「FXで2億稼いだ主婦！」とか、テレビで見たことある！

 そうだね。それくらい、FXは大きく稼ぐことができる投資だよ。た
だし、その逆に大きく損をすることも……

大損した話もよく聞くよね……

 FXで億万長者になった人もいるけど、その何倍もの人がFXで大金
をなくしている。
だから、個人的には初心者にFXはおすすめできないってことで、本
書では解説しないことにするね。

ざっくり説明すると、FXは2つの国の通貨を売買することで利益を得る投資だよ。

2つの国の通貨というのは、例えば円とドルとか、ドルとユーロとか、そういう組み合わせのこと。

繰り返しになるけど、FXはしっかり知識をつけてからはじめるようにしよう！

不動産投資ってなに？

不動産投資はさっきも話題に出たね。毎月家賃収入で暮らすのは憧れるなぁ！

不動産物件を所有して家賃収入を得るのは、不動産投資の**インカムゲイン**だね

そして、**物件を売買するのがキャピタルゲイン**だよね！

そう。例えば、これから人気になると予測されるエリアで物件を買っておいて、数年後需要が高まって不動産価格が高騰したら売却して差額を得る……というような利益の取り方がキャピタルゲインだったね

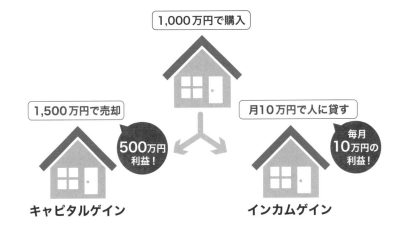

投資信託ってなに？

最後は「投資信託」だよ。投資信託は「ファンド」とも呼ばれるんだけど……聞いたことある？

ファンド……なんとなく言葉は聞いたことある気がするけど。でも、なんのことかわからないな

確かに、投資信託は「株式投資」とか「不動産投資」みたいに、名前から想像することができないからわかりにくいよね。
でも、個人的には初心者が一番取り組みやすい投資は投資信託だと思ってるよ

え、そうなんだ？　「ファンド」とか難しそうだから、敷居が高い気がしてたんだけど

全然そんなことはないよ。
投資信託が初心者にとって取り組みやすい投資だと思う理由はいくつかあるんだけど、その中でも大きなメリットは「少額からはじめられること」だよ。

不動産投資には莫大な資金が必要になるし、株やFXもはじめるには最低数十万くらいは必要になってくる。でも、投資信託は数万円、数千円からはじめられる投資なの

数千円？　そんなの今日からでもはじめられるじゃん！

ハードルが低くてうれしいよね。
現在運用する資産がない人でも投資信託ならはじめられるから、初心者にとって取り組みやすい投資なんだ。
投資信託については、この章で株の解説をした後に説明するね

えー！　気になるから株より先に投資信託について教えてよ

投資信託を知る前に、株や投資の基礎知識があったほうが話がわかりやすくなるからこの順番のほうがいいんだよ

株の仕組みと株主ができること・配当金や株主優待

そもそも株ってどういうものなの？

ここからは、「株式投資」について見ていこう！

前節と重複する内容もあるけど、まずは「株ってどういうものか」ってところからざっくり見ていこう。
そもそも「株」ってなんだったか覚えてる？

企業が資金を集めるために「株式」を発行するんだよね？

そう。例えば企業が事業を拡大したいと思ったとき、資金が必要になるよね？

銀行から借りることもできるけど、企業は「株券」という会社の経営の権利の証書を発行して資金を集めることができるよ

株を発行する会社と株を買う投資家

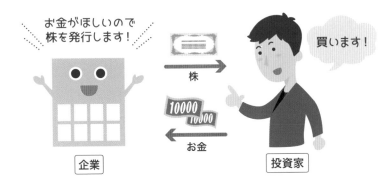

企業は投資家に「会社の経営に携わる権利（株）」を買ってもらうことで、資金を集めることができるのか

そう。
で、なぜ投資家が企業の株がほしいかといえば、この企業が成長すると、その利益が株を持っている人（株主）に還元されるから。
「この会社はもっと成長するから、株を買っておこう！」と思って株を買うわけ

なるほどね

そして、その企業が発行した株を持っている人のことを「株主」という。
では、次は株主になったらどんなことができるようになるか、見ていこう！

株主ができること① 株主総会に出席できる

株を持っている株主には、会社の経営に口出しする権利が与えられる。
具体的には、「株主総会」っていう会議が開かれるから、それに出席すると会社の経営に意見をいうことができるよ

株主総会って聞いたことある！　会社に文句をいったり、要望を伝えたりできるんだよね

でも、少しの株を持っているくらいじゃ、発言に重みがないのが現実ね。

実際に企業の経営を大きく変えることができるのは、たくさん株を持っている大株主の意見だけになってるよ

株主ができること② 配当金がもらえる

企業は利益を株主に分配するんだけど、これが「配当金」だよ。
簡単にいうと、株主は企業からお金をもらえるってことだね

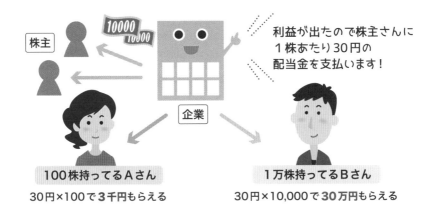

会社の利益は株主に配当される

利益が出たので株主さんに
1株あたり30円の
配当金を支払います！

株主

企業

100株持ってるAさん

30円×100で**3千円**もらえる

1万株持ってるBさん

30円×10,000で**30万円**もらえる

インカムゲインだね

 そう。配当金をたくさん配る企業の株は「高配当株」と呼ばれて、人気があるんだよ

株主ができること③ 株主優待がもらえる

 お金が入ってくる配当金とは別に、株主には企業から「株主優待」がもらえることがあるよ。

株主優待は株主へのプレゼントみたいなもので、**内容は企業の自社製品や自社サービスのチケット**などが多いね

外食チェーン店の企業の株主になると、お食事券が優待でもらえるって話を聞いたことがあるよ！

 うん。すかいらーくやマクドナルドなど、みんなが知ってる企業も株主優待でお食事券を配っているんだよ。

他にも、ビックカメラがお買い物券を配ったり、HISが旅行商品券を配ったり、キューピーが自社商品を配ったり……各社、自社の製品に関連するプレゼントを株主に送っているね

■ 人気の株主優待の例 (※執筆時点)

吉野家ホールディングス ……… お食事券
オリエンタルランド …………… 1DAYパスポート
伊藤園 ……………………………… 自社製品など
くら寿司 ………………………… お食事券
キャンドゥ………………………… 商品券

株主優待はすべての企業が出しているわけじゃないから注意して
ね。株主優待を出していない企業や途中で優待を廃止した企業もあ
るから、優待目当てで株を買うなら、事前にきちんと調べよう！

株主ができること④ 株を売買できる

株主は自分の持っている株をいつでも売ることができるし、買うこ
ともできるよ。
自分が買ったときより高い値段で売れたら、儲けが出るよね

その儲け方は「キャピタルゲイン」だね！

うん。株を安いときに買って、大きく値上がりしてから売って大儲
けしたって話、よく聞くよね

株が値上がりする会社ってどんな会社が多いのかな？

業績のいい会社は長期的に見ると株価が伸びていく傾向にあるよ。
利益がたくさん出る会社の株は、配当も増える可能性も高いからみ
んながほしいと思うからね

なるほど～。
自分の持っている株の株価が上がれば、配当も増えるし、売るとき
には高く売れるし、株主にとってはいいことずくめだね！

株価が上がって喜ぶのは株主だけじゃないよ。株価が上がることは、
企業にとっても喜ばしいことなの。

株価が上がっている＝企業価値が上がっているってことだからね。

企業価値が高まると会社の名前が有名になるし、銀行から資金調達しやすくなるし、いい人材が集まるし……企業にとっても、株価上昇はうれしいことなんだよ

株価が上がると、株主も企業もどっちも Win-Win なんだね！

 うん。
もっというと、株を買うという行為は利益を出すためだけじゃなくて、企業を応援しているということでもあるんだよ。

例えば、トヨタやユニクロといった世界的に有名な企業にだって、投資することで関わることができる。

自分が投資して企業を支援することで、企業は業績を上げ、よりよいサービスや商品を世の中に出して、人々の生活を豊かにしてくれるなんて、素晴らしいことだと思わない？

株を買うだけで、企業の経営を自分が応援していることになるんだね！

 企業を応援することで、ひいては、日本の経済にも影響を与える……って考えたら、どう？
株を買うだけで社会と経済に参加することになるなんて、ちょっとうれしい気持ちになるよね

株を買うってすごいことなんだ！

 そう考えると、株にもっと興味を持てるよね！
じゃあ、次は、もう少し具体的に株の投資の話をはじめよう！

いくらくらいお金を用意したら株をはじめられるの?

1株の値段を見てみよう

株に興味が出てきたけど、いざはじめるとなるとハードルが高く感じるなぁ〜。私、そんなにお金持ってないし。
一体、いくらくらいお金を用意したら株をはじめられるの?

株の値段は、企業によってさまざまだよ。
1株300円程度の株もあるし、1株が6,000円の株もある。

実際に見てみようか。
「Yahoo! ファイナンス」という株価がわかるサイトで、気になる会社の名前を検索して株価を見てみよう。

ただし、株価は毎日、毎秒変わってるから、あくまで今の時間の値段だと思って見てね

私はゲームが好きだから、任天堂の株を調べてみようかな

任天堂と比較するために、もう一社の株価も調べてみたよ

ある日の某A社(株)と任天堂(株)の株価

● 某A社(株)……… 289円

● 任天堂(株)……… 6,300円

某A社が289円、任天堂が6,300円か。全然値段が違うんだね

そう。株価は企業によって全然違うし、時期によっても全然違う。
株価は企業によってバラバラだけど、株価が高いからいい企業ってわけではないから注意してね。

そして、これは1株の値段ってことを頭に入れておいてね。
株は原則、100株単位で購入する。
これを株の売買単位というの

売買単位？

 株は基本的に100株セットで買ったり売ったりするものなんだよ。
だから、「8株だけ買う」とか「89株だけ売る」とかは原則できない。

100株じゃなくて1株ずつ買えたり、10株セットだったりという
例外もあるけど、「基本は100株セットで売買する」って覚えておい
てね。
100株単位ということは、200株、300株、のように100株ずつ
買えるってことだよ

原則、株は100株単位で買う

株は100株単位で買うものなんだ。
じゃあ、さっきの時点の任天堂の株を買おうと思うと、6,300円×
100株で63万が最低必要になるってこと？

 実際に購入すると、手数料も必要になってくるよ。
こんな感じね。

> **1株** 6,300円×100株 ➡ 63万円＋手数料

もちろん、これは100株の話だから、200株買うなら、この倍の値
段が必要になるよ

100株でも無理だよ！　約63万円なんて使えない！

 それは任天堂株の話でしょ。任天堂の株は、日本でも上位の高さだ
からね。
さっき調べた某A社の株を100株買うとしたら、

> **1株** 289円×100株 ➡ 2万8,900円＋手数料

で購入できるよ。もし1,000株買ったとしても、21万くらいだね

その値段なら、買えそうだな……

 このように、株で必要な金額は自分のほしい株によって変わる。
だから、一概に「株をはじめるのにいくら必要」という金額はないの。
とはいえ、数十万くらいからはじめる人が多いと思うよ

手数料っていくらくらいなの？

手数料って、株を買うときに払うの？

 株の手数料は買うときと売るとき、どちらもかかるよ。

そして、株は「証券会社」というところで買うんだけど、売買手数料
は株を買う証券会社によって違うのがポイント

手数料か。どれくらい違うの？

 手数料だけで10倍以上違うこともある。
例えば、手数料が100円の証券会社と手数料が1,000円の証券会社
なら、いくら手数料が違うと思う？

そりゃ900円だよね？

 いいえ。
手数料は買うときと売るときの両方にかかるから、手数料が安いほ
うの証券会社は売買で200円、高いほうの証券会社は売買で2,000
円かかることになる

おお……。1,800円も違うのか！

 1回だけの売買ならそんなに気にならないかもしれないけど、年間
で10回売買すると考えたら、この10倍の差が出てくるよ。手数料
だけで1万8,000円の差。それってすごく大きなことだよね

そっか。じゃあできるだけ、手数料を抑えたいね

うん。コストを抑えたいなら、**できるだけ手数料の安い証券会社を使うのがおすすめだよ**

税金もかかる

手数料の話のついでに、株で儲かったときの税金の話もしておくね。

あなたのような会社員の場合、給与以外の所得が年間20万円を超えたら、税金を支払わないといけないよ。

株の場合、**利益の約20%を納税しなければならない。**ちなみに、株の利益は売買で儲かったときだけじゃなくて、**配当金との合算で考えられる**から気をつけてね

20%？　100万円儲かったら20万円も税金で取られるんだ……

高いよね……。でも大丈夫。実はこの株の利益を非課税にするNISAって制度があるんだよ。

NISA……聞いたことあるぞ

NISAについては後で紹介するから、楽しみにしていてね

初心者の株の選び方【前編】
利益の取り方によって買う株は変わる！

▌どんな株を買えばいいのか、わからない…

なんとなく株の概要は理解できたよ。でも、実際、どんな株を買えばいいか想像がつかないな～

私たちは証券会社を通じて株を買うんだけど、買える株は上場している銘柄だけよ。
あ、ちなみに取引する株のことは「銘柄（めいがら）」と呼ぶから覚えておいてね。

今、証券会社で買える上場銘柄は3,500以上もあって、投資家はその中から自分の好きな銘柄を選んで買うの

3,500 !?　選択肢が多すぎて選べないんだけど！

そうだよね。だから今回は、銘柄を選ぶ基準について考えてみよう。

でもあなたはもうすでに1つ、株を買うときに考える基準を知っているはずだよ？

何だろう……あ、もしかして株の価格のこと？

正解。前節の内容で、任天堂の株を100株買うと63万円以上するけど、それを買うお金がないっていってたよね。
つまり、資金に制限がある人は、ある株価以上の株は買えないことになる

私は多くても50万円程度の予算で株を買いたいと思ってるよ

それなら、1銘柄の価格は、高くても5,000円に抑えなきゃいけない（株の売買単位が100株の場合）。
この時点で5,000円以下の株を買うっていう条件ができたよね。そうやって選択肢を狭めていけば、どんどん自分が買うべき銘柄を見

つけることができるよ

株でどんな利益がほしいのかを考える

株を選ぶ前に、「自分はどんな利益がほしいのか」を考えてみよう。
株で儲けると一言でいっても、

- ・買った株を高く売って儲けたい
- ・配当金をもらって、生活費の足しにしたい
- ・株主優待目的で投資したい

のように、理想の儲け方が違うよね？

株の売買で儲けたい人なら、それなりに株価が上がる銘柄じゃない
と売買のタイミングが出てこないけど**配当金目的なら、株価は動
かずに安定していても構わないよね**。
目的は配当金なんだから、株価自体は上がらなくても配当金がちゃ
んともらえたら問題ないはず

確かにそうだね

逆に株の売買で儲けたい人は、配当金は関係ないはず。
配当金は「○月の確定日の時点で銘柄を保有している株主に払う」と
いうような決まりが銘柄ごとにあるんだけど、売買で儲けたい人は、
配当金の支払い時期なんて関係なしに売りたいタイミングで売るは
ずだからね

どうやって利益を得たいかによって、ほしい株も変わってくるんだ
ね。**インカムゲイン狙いかキャピタルゲイン狙いかで違うんだ**

そのとおり。だから、銘柄を選ぶ前にまずは**自分の理想の儲け方**を
しっかり考えよう。そうしたら、

- ・「何十年後でもいいから、大きく値上がりする株がほしいな」
- ・「株価は上がらなくていいけど、高配当の株がほしいな」
- ・「食品の株主優待がもらえる銘柄がほしいな」

のように、自分のほしい銘柄のイメージが固まってくるはずだよ

自分に合った投資スタイルから銘柄を考える

 自分の投資スタイルについても、考えておこう

投資スタイル？

 簡単にいうと、1つの銘柄をどれくらいのスパンで売買するかってことだね。だいたい以下のように分けて考えてみて

> ・**短期投資**…… その日のうちに全銘柄を売却するデイトレードや、数日〜数週間程度の保有で売却するスイングトレードなどのこと
> ・**長期投資**…… 終わりを特に決めずに長期保有する手法

デイトレードってこういうやつでしょ！?

 そうだね。そんな感じで、パソコンやスマホで株価の動きを表す、「チャート」とにらめっこして、株の売買をする人が多いよ

チャートってこういうのだよね？

 そうそう。スマホアプリもあるから、今はスマホを使ってトレードをしている人も多いよ

スイングトレードっていうのは？

 デイトレードはその日のうちに全銘柄を売却してしまうトレードのことをいうんだけど、**スイングトレードは数日〜数週間かけてタイミングを読んで売買する投資方法**だよ。

後で説明するけど、チャートと指値注文などを使って、あまり手間をかけずに売買することも可能だよ

へぇ。じゃあ、**長期投資**はどうなの？

 長期投資はその名の通り、**一回買った株をずっと長い間持っておく投資手法**のことで、保有期間は数年なんて当たり前で、20年や30年以上も保有している人も多いんだ。
長期投資の狙いは、大きく分けて、

> ❶ 長い時間をかけて成長を見守り、最終的に売る
> ❷ ずっと保有することで配当金をもらい続ける

この2つになるんだけど、どっちにしろ、**長い目で見て優良な銘柄を選ばないといけない。**

❶のように**長い目で見て成長を期待する**なら、今はよくても10年後は消えてそうな業界の銘柄は危ないし、逆にこれから発展しそうな業界の銘柄なら、今はイマイチでも買っておく理由があるはず。

❷の**配当金目的**なら、安定した業界の銘柄がいいとされているよ。景気に左右されるような業界の銘柄だと、今はいいけど不景気になったときに急に配当金が少なくなる……なんてこともあるかもしれないからね。
でも、成熟して安定している銘柄は大きな値上がりを期待するのは難しいし、キャピタルゲイン目的には向いていない銘柄も多い

「あちらを立てればこちらが立たず」みたいなことも起こるんだね。

銘柄を選ぶ前に、まずは自分の投資スタイルやどんな利益がほしいのかを考えないといけないね

長期投資は、自分のよく知る業界の銘柄がいい

長期投資には、自分が身近に感じる業界の株がおすすめだよ。

あなたには、よく行く外食のお店や、好きな服のメーカーなんかい
いんじゃないかな？　まったく興味のない業界の銘柄を買っちゃう
と、ニュースにも敏感になれないし、業績予想を見ても理解できな
いから、途中でつまらなく感じてしまうかも

ずっと興味を持っていられるように、私はゲーム業界か外食チェー
ンの株にしようかな。趣味のゲームなら業界のニュースにも敏感で
いられるし、外食も大好きだから。
外食系はどんな優待があるか調べるだけでも楽しそう！

短期投資の場合はタイミング重視

長期投資の場合は、自分のわかる業界のものが好ましいけど、短期
投資になるとそこまで業界を知らなくても問題なかったりするよ。

理由は、短期トレードで一番大事なのは、売り買いのタイミングを
読むことだから。

その銘柄が長期的に見て悪い銘柄だったとしても、数日～数ヶ月の
間に暴落しなければ問題ないから、長期的に見る必要がないの。

例えば、このチャートを見てみて。長期的に見ると株価は下がって
いるけど、短期的に見ると上がっているタイミングもあるよね

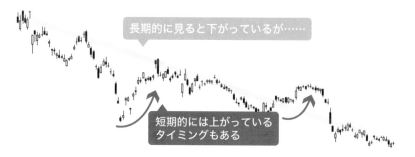

長期的に見ると下がっているが……

短期的には上がっている
タイミングもある

このように、長期的には株価が下がっている銘柄でも、短い期間の間で売買したら儲かることもある。

短い期間で売買するなら、長期的に見ていい銘柄であることは必須条件ではないってことなんだ

なるほど！　じゃあ、短期で売り買いするなら、どんな銘柄でもいいってこと？

いや、そんなことはない。
短いスパンで売り買いをするなら、短い期間でも株価が動く銘柄じゃないといけない。

値動きがほとんどなくてずっと安定している銘柄じゃ、売買するタイミングが現れないからね

初心者の株の選び方【後編】
スクリーニングで
自分の理想の株を選ぼう

理想の株を見つける「スクリーニング機能」

実際に株を探すときは、「スクリーニング」を行って探すといいよ。

スクリーニングは簡単にいうと、条件を入れて、その条件に合致した銘柄だけを選別する機能のこと。
スクリーニングっていう言葉の意味は「ふるいにかける・選抜・選別」というような意味なの。

例えば、「一株あたり1,000円以下」「高配当の銘柄」みたいな感じで条件を入れると、その条件に合った銘柄だけを見つけることができるよ

結婚相談所の条件で相手を探すやつみたい！

それに似てるかもしれないね。
結婚相談所に登録してる女性は、「身長170センチ以上」「長男以外」「35歳以下」のような条件を入れて、男性をふるいにかけるよね。その後に、実際に会って相性を確認すると思う。

そんな感じで銘柄も条件でふるいにかけて絞り込んでから、個別に細かいところをチェックして買うのが効率がいい

買える銘柄は3,500種類以上あるんだもんね。そのやり方が効率的っぽいね

スクリーニング機能は、各証券会社のホームページやアプリで使えたり、無料のサイトで使えたりするよ。

証券会社にまだ口座を作っていない人は「スクリーニング　無料」と検索してスクリーニングできるサイトを探してみて。
無料でスクリーニングが使えるサイトでは「トレーダーズ・ウェブの銘柄スクリーニング」が有名だよ

スクリーニングの画面を見る

 じゃあ、実際にスクリーニングの画面を見てみよう。
これは、**楽天証券のスクリーニングの画面**よ。楽天証券のスクリーニング機能は「スーパースクリーナー」って名前がついてるの

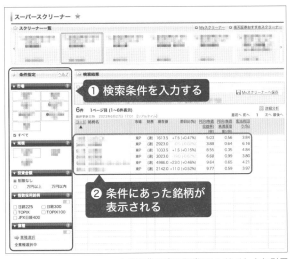

上記画像は楽天証券Webサイトより引用

お〜。この画面だと、条件で6銘柄に絞れているね！

 6銘柄くらいなら、ここから全部の会社の事業や詳細を調べるのもそこまで手間じゃないよね。数個に絞れるまで厳しく条件を入れて、自分好みの銘柄を探してみよう

スクリーニングの条件って何がいいの？

 スクリーニングは、自分で条件から設定できるんだけど、その条件の項目の数もすごく多くて、正直使い切れる人は少ないんじゃないかな

スクリーニングでよく使われる項目

 これからスクリーニングでよく使う項目を紹介するけど、あまり難しいことをいうとこの本の「超初心者向け」の趣旨に反するから、本

当に最低限の説明しかしないけど、スクリーニングはとても奥深い
ものだから、この本を読んだ後にいろんな本やサイトで勉強してね

人任せだな（笑）

この本はど素人が初心者向けの本を読めるようになるくらいのレベ
ルを目指す本だから難しい話はしないの！　スクリーニングの勉強
におすすめの書籍を紹介するから、207ページを参考にしてね

業種でスクリーニングする

まずは、銘柄の業種で絞ってみよう。「サービス業」とか「通信」と
か、自分が興味ある業種の株を探してみて

大型株〜小型株でスクリーニング

銘柄は、その企業の時価総額（株価×発行株式数）の大きさから、大
型株・中型株・小型株に分類される。

時価総額が大きい大型株はみんなが知ってる大企業が多い。
株数が多くて売買が盛んだから、特に短期で売買する人にはトレー
ドしやすい銘柄だよ

投資金額でスクリーニング

これはすでに説明してもらったね。
私は上限50万円の予算で探したいから、この設定は必須だな！

PER（株価収益率）でスクリーニング

PER（株価収益率）は、定番のスクリーニングに使う項目だよ。
PERで、その株の現在の価格が割高か割安かがわかるといわれてい
る。

一般的に、PERの数値が低いと割安、高いと割高といわれているけ
ど、目安の平均値は業種によって異なるよ。
つまり、建築業界とIT業界のPERを比べてもあまり意味はないって

こと。

数値よりも、

> ・同業種同士のPERを見比べる
>
> ・その銘柄の過去のPERと見比べる

というような使い方がおすすめ。ちなみに、PERの計算式は次のようになるわ

> PER ＝ 株価 ÷ 1株当たりの純利益

えーっと……

このへんのことは、もう少ししてから勉強してみてね。

とりあえず今は「そんな項目もあるんだね〜」くらいで考えてみて

>>> PBR（株価純資産倍率）でスクリーニング

さっきのPERと同じく、PBRも**割安・割高を測る目安になる項目**よ

> **PBR（倍）= 株価 ÷ 1株あたりの純資産**
>
> ➡ PBRが1倍のときに会社が解散したら、株主には投資額がそのまま戻ってくるといわれている。一般的に、PBRが1倍以上なら割高、1倍を割るなら割安といわれている

えっと、ちょっと意味が……

まぁ、これもこんな指標があるってことだけ今は知っておいて。

このあたりのことは、もう少し株に詳しくなってから勉強してみてね

>>> 配当利回りと配当利回り変化率でスクリーニング

配当金狙いで株を購入する人は、配当利回りは重要な指標になるよね

 配当利回りのために投資をする人は、**配当利回り○％以上**というような明確な基準をスクリーニングで探してみて。

あと、利回りの変化率も気にしてね。配当利回りがよくても、それはたまたま近年だけのことかもしれない。**継続して高配当かどうか**も気にしよう

確かに。ここ何年かだけが好調なのかもしれないしね

 スクリーニングでざっくり見つけ出したら、個別に企業の事業を確認することが大事だよ。

特に配当金目的の投資の場合は、**長期間安定して利益を得られるか**どうかが決め手だから、キャピタルゲイン目当ての投資より、さらに注意深く銘柄を見るようにしよう

株を買う証券会社ってどこがいいの？

手数料の安いネット証券がおすすめ！

株の知識がついてきたから、そろそろ取引をやってみたくなってきた！

 いよいよ、**証券会社で口座を作る段階にきた**ね

証券会社かぁ……。敷居が高いな〜

 そんなことないよ。
普通の銀行口座を作るくらいの簡単な手続きで口座開設ができるし、数日〜1週間程度ですぐに投資をはじめられるから、実はとても手軽に口座開設ができるんだよ

そうなんだ！　ちなみに、証券会社は1つしか口座を作れないの？

 いや、**複数の証券会社で口座を作ることが可能だよ。**
これも銀行口座と同じで、みずほ銀行にも三井住友銀行にもUFJ銀行にも口座を持っている人はいるよね。

そんな感じで複数の証券会社に口座を作っている人もいる。もちろん1つしか持っていない人もたくさんいるけどね

なるほど。どこの証券会社で口座を作ったらいいの？

 好きなところで作ったらいいけど、**ネットの証券会社で口座を作る**のがおすすめだよ。
なぜなら、**ネット証券会社のほうが圧倒的に手数料が安いから。**

街中に店舗を持つような総合証券会社の手数料は、ネット証券に比べて高いことが多いの

■ 総合証券会社とネット証券会社の手数料の例

某総合証券会社	取引額20万円までの手数料 ………… 2,860円
某ネット証券会社	取引額5万円までの手数料 ……………… 55円
	取引額10万円までの手数料 ………… 99円
	取引額20万円までの手数料 ………… 115円

思った以上に手数料に差がある !!!

 「手数料が高くてもここで口座を開きたい！」という証券会社や銀行があるならそれでいいけど、特にこだわりがないなら手数料の安いネット証券で口座を開くのが無難だと思う

おすすめのネット証券会社はどこ？

ネット証券っていわれても、よくわからないな

 有名なネット証券には、楽天証券やSBI証券があるよ。
どちらも手数料が安くて人気のネット証券会社だから、特にこだわりがなければ、まずはこの2社のどちらか、もしくは両方に口座を作ってみたらいいんじゃないかな。

申し込みから口座開設まですべてネットで完結するから、手順もとても簡単。
基本的には申し込み項目を埋めていくだけで完了するけど、いくつか注意してほしいところがあるから、そこだけ紹介しておくね

「特定口座」と「一般口座」どっちを選ぶ？

 証券口座開設のときには、「特定口座」と「一般口座」どちらかを選ぶことになる。
また、「源泉徴収あり」と「源泉徴収なし」のどちらかを選ぶ必要がある

なんのことかさっぱり……

結論からいうと、初心者は「特定口座・源泉徴収あり」を選べばOK
よ

■ 口座開設時のおすすめ設定

> 初心者は「特定口座・源泉徴収あり」を選ぶのがおすすめ

これはどういう意味なの？

前に、投資の利益には約20％の税金がかかるって話をしたよね？
その税金の払い方をここで指定しているの。

「特定口座・源泉徴収あり」を選ぶと、証券会社が勝手に年間の利益
を計算してくれて税金まで納めてくれるから、自分で確定申告をや
る必要がないよ

それはいいね！

逆に自分で確定申告をしたい人は一般口座か特定口座（源泉徴収な
し）を選んでね

一般口座	税金に関して証券会社は何もしてくれない。自分で計算して確定申告と納税をする
特定口座（源泉徴収なし）	証券会社が税金の計算をしてくれるが、確定申告と納税は投資家が自分でやる
特定口座（源泉徴収あり）	税金の計算から納税まで全部証券会社がやってくれる

NISA口座ってなに？

証券口座を開設しようと思ったら、「NISA口座も同時に作ります
か？」って訊かれたんだけどこれはなに？

NISAは、投資の利益にかかる税金を非課税にする制度。

NISA口座では、株や投資信託を買えるんだけど、この中で得られ
た利益には税金がかからないことが特徴だよ

えーっと……。NISA口座は、さっき教えてもらった特定口座とは別なんだよね？

うん。NISAは少しややこしいから、詳しくは後で説明するとして、ここでは概要だけ話すね。

例えば、あなたがA証券会社で特定口座とNISA口座を開設したとするでしょ？

そしたら、A証券会社で株を買おうと思ったとき、特定口座（もしくは一般口座）かNISA口座、どっちで買うかを選べるの

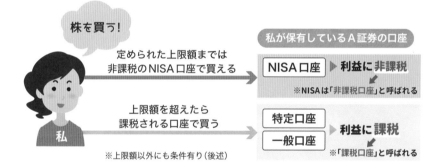

証券口座の中にNISA口座と課税口座がある

なるほど。NISA口座を同時に開設すると、株をどっちの口座で買うか選べるんだ

そういうこと。
基本的にはNISA口座から使って、NISAの上限額を超えたら課税される特定口座や一般口座を使うことになるよ。

だから、口座を開設するときにはNISA口座も一緒に開設してね

NISA口座に申し込むのにお金がかかるの？

NISA口座に申し込んだからって、追加料金がかかることはないから安心して。

上限額については、後で説明するね。とりあえずここでは、「口座開設時には、NISA口座を同時に開設する」ってことを覚えておけばOKだよ

了解しました！

NISA口座は1人1つしか作れない

1つ気をつけてほしいのはNISA口座は1人1つしか作れないってこと。どこかの証券会社で1つだけしか作れないの。

例えば、楽天証券でNISA口座を作ったら、SBI証券では特定口座（もしくは一般口座）だけしか作れなくなるってこと

なるほど。じゃあどこで口座を開設するか、慎重に決めたほうがいいね

証券会社で口座を開設するとき、先に普通の特定口座だけを開設して、後でNISA口座を追加することもできるよ。

でも、面倒だから最初から申し込んでおくのがおすすめだよ

Tips　　**2024年からNISAが新しくなる**

2024年から、NISAの制度が新しくなります。
これまでの「一般NISA」と「つみたてNISA」は一本化され、より使いやすく、お得な形に進化します。

本書執筆時点では新NISAは開始されていませんが、本書では新NISAを基に解説します。それぞれの旧制度については、WEBページ上で補足解説します。詳しくは、207ページを参照ください。

株のチャートってなに？

次は、チャートを見てみよう。
チャートは、こういうやつのことだよ。見たことあるよね？

見たことあるよ！　なんかもう、全然意味わかんないやつだ！

今は意味がわからないと思うけど、基本をおさえるだけで、このチャートが何を意味するのかわかるようになるよ！

チャートは株価の流れを教えてくれるもの

チャートはざっくりいうと、株価の流れを教えてくれるものだよ。
縦軸は株価、横軸は時間の流れを示している

> 縦軸は株価、横軸は時間の流れを表している

株価を示す

時間の経過を示す

縦軸と横軸の意味がわかれば、パッと視覚的に株価の流れが掴めるはずだよ。

細かい意味がわからなくても、このチャートの流れを見ただけで、「このへん、なんか株価上がっているな」とか「下がってるな」とか、わかるよね？

チャートを見て、なんとなくわかる

うん。わかる

これがチャートの特徴で、視覚的に「株価がどう動いているか」が誰にでもわかるようになっているの

株価をわかりやすく表している「ローソク足」

チャートをよーく見てみると、上下に線がある四角い図形がたくさん並んでできているのがわかるよね？

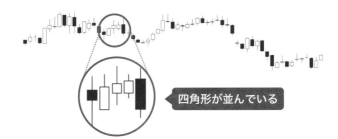

チャートには四角形の図形が並んでいる

四角形が並んでいる

この四角の1つ1つをローソク足と呼ぶよ。理由はそのまんまで、ローソクのような形をしているから

ローソク足　　　　　ローソク

短かったり長かったり、ローソク足にはいろんな形があるんだね

まず、色が2色あるのがわかるよね？
それから、長いものと短いもの、四角の真ん中に通っている線が長いもの短いもの、上側しかないもの下側しかないもの……色々な形があるのがわかる

いろんな形のローソク足がある

白色で長いの　　　白色で下に線が長いの　　　黒色で線がないの

横幅はみんな同じだけど、縦の長さと色が違うんだね。小さいやつとか可愛いよね〜

どうして色や形が違うのかといえば、それぞれが表している株価が毎日変わるからなんだよ。では、ローソク足の意味を見てみよう！

株価の始値・終値・安値・高値ってなに？

株価は刻一刻と変わっていくものなんだけど、1日単位で株価を区切って見ることで、株価の動きを把握できる。

1日の株価の動きは、始値・終値・安値・高値の4つがキーになる

> ・始値 (はじめね) ……… 1日のはじめに取引された価格
> ・終値 (おわりね) ……… 1日の最後に取引された価格
> ・安値 (やすね) ………… 1日の中で一番安く取引された金額
> ・高値 (たかね) ………… 1日の中で一番高く取引された金額

え〜っと……？？？？

具体的な例で見てみよう。
こんなに株価が動くことは普通ないけど、ちょっと大げさに例を出すね。

例えば、朝一番の株価が100円で、午前中に50円まで下がって、昼になったら逆に500円まで上がって、最後に300円まで下がったところで取引が終わった……としたら、

> ・始値 (始まりの値段) ………………… 100円
> ・安値 (一番安いときの値段) ……… 50円
> ・高値 (一番高いときの値段) ……… 500円
> ・終値 (終わりの値段) ………………… 300円

ということになるわ

最初が100円、途中一番安くなったときは50円、一番高くなったのが500円、最後は300円で終わるってことでいい？

そう。そして、これをローソク足で図にできる。
ローソク足でこの4つの価格を図にするとこうなるよ

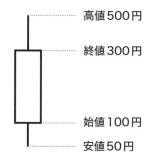

高値500円

終値300円

始値100円

安値50円

ローソクの胴体の部分（四角いところ）を実体といって、これが始値と終値を示している。
そして真ん中に通る線は、安値と高値を表しているの。

この線はヒゲと呼ばれていて、実体の上にあるものが上ヒゲ、下側にあるのが下ヒゲと呼ばれている

実体とヒゲ

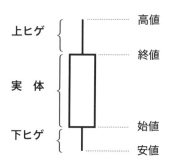

上ヒゲ

実　体

下ヒゲ

高値

終値

始値

安値

最初に見たチャートのローソク足にはヒゲが長いものと短いものがあったけど、これは安値と高値が伸びたときに長くなっていたんだね

そうだね。この仕組みがわかると、ローソク足を見ただけで、こういうストーリーが見えてくるの

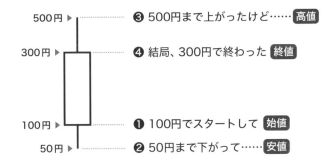

ローソク足にはストーリーがある

500円 ▶ ············· ❸ 500円まで上がったけど…… 高値

300円 ▶ ············· ❹ 結局、300円で終わった 終値

100円 ▶ ············· ❶ 100円でスタートして 始値

50円 ▶ ············· ❷ 50円まで下がって…… 安値

なるほど。ローソク足は、価格の変化のストーリーが違うから形が違っていたんだ

 そのとおり。じゃあ、これらの形のローソク足はどんなストーリーがあるか想像してみて?

問題 ローソク足のストーリーを考えよう

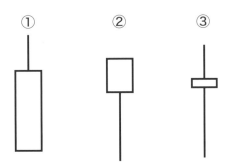

① ② ③

3つとも全然違う形だね!

▶▶▶ ローソク足①の回答

えっと……①のローソク足は下ヒゲがないから、始値と安値が同じってことだよね？
つまり、始値より安い価格にならずにずっと上がっていた…ってことかな

 正解。
それにこのローソク足は実体が大きいから、それだけ値上がり幅も大きかったということだね

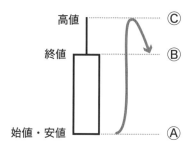

ローソク足のストーリー

Ⓐの価格から始まって、
Ⓒまで一旦上がったが、
Ⓑの価格で終わった

▶▶▶ ローソク足②の回答

②のローソク足は逆に上ヒゲがないね。実体も小さいから、最終的には値上がりしているけど、値上がり幅が小さいみたいだ

 実体が小さいことから、そんなに値上り幅が大きくないってことがわかるよね。

上ヒゲがなくて下ヒゲだけしかないうえに、下ヒゲが長い。
つまり、最終的には持ち直して少しだけ値段が上がったからよかったものの、一時期は大きく値下がりしたってこと

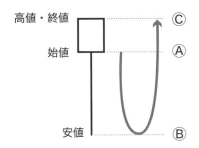

Ⓐの価格から始まって、
Ⓑまで下がったが、
Ⓒの価格で終わった

※実体が小さいので最終的な
　値上がりの幅が狭い

>>> ローソク足③の回答

ローソク足③は上ヒゲも下ヒゲも長いね。
その割に実体は小さいよ。一時期、大きく下がって、大きく上がっ
たけど、最終的にはちょっと値上りしたくらいで終わったんだね

そう。このローソク足は実体が小さいから、上にも下にも値段が大
きく動いたけど、最終的にはちょっとの値上げで終わった感じだね

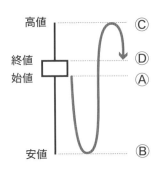

ローソク足のストーリー

Ⓐの価格から始まって、
Ⓑまで下がったが、
Ⓒまで値上がりした。でも、
結局のⒹの価格で終わった

※1日のうちで大きく価格が動いたが、
　実体は小さいので、結果、あまり変わ
　らなかった

ローソク足1つでこんなにストーリーが見えるんだね。面白い

形ひとつで、その日の株価の様子がわかるから面白いよね。
じゃあ、最後の問題。このローソク足はどんなストーリーを示して
いると思う？

ヒゲがなくて、実体だけだね。つまり、安値が始値で、終値が高値ってことだから……1日を通して、株価が上り調子だった！

そのとおり。1日のはじめから終わりまで、**始値を下回ることなく上がっていた**。しかも、**実体が長いから、大きく値上りしたのがわかる**

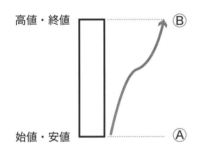

高値・終値

始値・安値

Ⓑ

Ⓐ

ローソク足のストーリー

Ⓐの価格から始まって、
ずっと価格は上がって行った。
一番高いⒷの価格で終わった

白色のローソク足と黒色のローソク足

ここで、最初のチャートに戻ってみようか。
どう？　さっきまでわけがわからないと思っていたローソク足だけど、今は白色のローソク足の意味がわかるようになっているよね

ここにある白色のローソク足は、全部のストーリーがいえそう！
でも黒色のローソク足の意味はまだわからないなぁ

さっきまでの例はずっと、始値より終値が高い＝値上りしている例だったよね。
値上りして終わったときは白色のローソク足を使うんだよ。

その逆で値下がりして終わったときは、**黒色のローソク足を使う。**
具体的にはこんなストーリーになっているよ

■ 黒色のローソク足のストーリー

朝いちばんの株価が500円で、午前中に200円まで下がって、昼になったら逆に800円まで上がって、最後は300円まで下がったところで取引が終わった…

・始値 …… 500円
・安値 …… 200円
・高値 …… 800円
・終値 …… 300円

 ここでも例としてわかりやすいように、大袈裟に株価が動いてることにしているけど、気にしないで。
もし、上記のような値動きをしていたなら、こんなふうに黒色のローソク足ができあがるよ

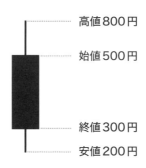

値下りしたときは黒いローソク足、値上りしたときは白いローソク足を使うんだね

 そのとおり。白いローソク足のことは「陽線」、黒いローソク足のことは「陰線」というよ

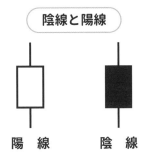

陽　線　　　　陰　線

ローソク足の白色と黒色にはそんな意味があるんだ～

 面白いよね。じゃあ、次は陰線のストーリーを考えてみよう

問題 陰線のストーリーを考えよう

④　　　　　　⑤

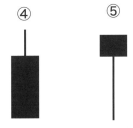

>>> 陰線④のストーリー

④の陰線は、上ヒゲがあるから、一回は値上りしたんだね。
でも、陰線だから最終的には値下りしたはず。下ヒゲがないから、
安値と終値が一緒ってことかな

陰線のストーリー

Ⓐの価格から始まって、
Ⓑまで一旦上がったが、
結局下がって、
Ⓒの価格で終わった

 正解。では⑤の陰線はどう？

▶▶▶ 陰線⑤のストーリー

⑤の陰線は実体が小さいから最終的には少しの値下りで終わったけど、下ヒゲがすごく長いから一時期は大きく値下りしたんだね

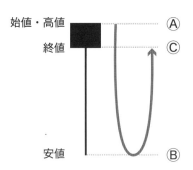

始値・高値 Ⓐ
終値 Ⓒ
安値 Ⓑ

陰線のストーリー

Ⓐの価格から始まって、
Ⓑまで大きく下がったが、
Ⓒまで戻って終わった

 OK。じゃあ最後に、このローソク足のストーリーを考えてみて

え……陰線でも陽線でもない……
えーと。この形ってことは、**始値と終値の値段が一緒ってことだよ
ね。**

一時期値上りも値下りもしたけど、**最終的には最初と同じ値段で終
わったってことかな！**

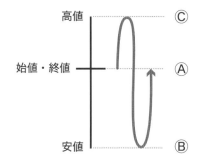

高値 Ⓒ
始値・終値 Ⓐ
安値 Ⓑ

ローソク足のストーリー

Ⓐの価格から始まって、
一旦Ⓒまで上がるが、Ⓑまで
下がる。その後最初と同じ
Ⓐまで戻ってきて終わる

正解！　このローソク足の形は十字架みたいな形をしているから「十字線」って呼ばれている。
こんなふうに、**ローソク足の形から名前がついているものもある。**
面白いからぜひ調べてみてね

ローソク足って、1つ1つにストーリーがあって、シナリオを読んでるみたいで面白いね！

チャートっていわれるとなんだか数学的なイメージを思い浮かべるかもしれないけど、実際は物語的で、国語的なものだよね。
ローソク足の一つ一つから、ストーリーを思い浮かべてみると楽しいよ！

ローソク足は期間を設定できる

ここまでは説明がわかりやすくなるように、「ローソク足は1日の値動きを表している」って説明してきたけど、**実際は1日とは限らないよ。ローソク足が示す期間は自分で設定できるの。**

1日の値動きを設定したローソク足は「**日足**」、1週間の値動きを設定したものは「**週足**」、1ヶ月の値動きを設定したものは「**月足**」という名前になるよ

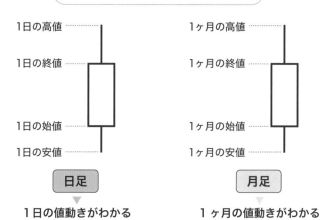

ローソク足は期間を設定できる

1日の高値

1日の終値

1日の始値

1日の安値

日足

1日の値動きがわかる

1ヶ月の高値

1ヶ月の終値

1ヶ月の始値

1ヶ月の安値

月足

1ヶ月の値動きがわかる

それは、自分で設定できるの？

 うん。ローソク足の種類も表示する期間も自分で設定できる。

次のチャートは全部同じ銘柄のチャートなんだけど、ローソク足の種類と期間が違うだけで、全然違う形になっているの

同じ銘柄を表示しているのに、全然チャートの形が違うね

 そう。表示するローソク足と期間によって大きく変わってくる。チャートは自分がどんな投資スタイルでトレードするかによって設定を変えて使うもので、あくまで人それぞれだけど、

・デイトレード………………… 5分足以下
・スイングトレード…………… 日足
・長期投資………………………月足・週足・日足

を使う人が多いよ

出来高と株価と板

出来高は棒グラフで表される

 ローソク足の次は「出来高」を見てみよう。出来高は、株価のチャートの下に棒グラフで表示されてるものだよ

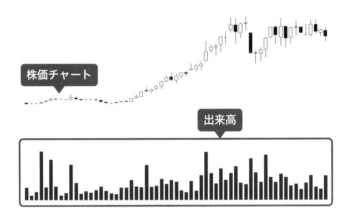

株価チャート

出来高

 出来高は、**売買が成立した株数のこと。**
たくさん売買が成立すると出来高が大きくなって、このグラフの背が高くなるの

売買が多いと出来高のグラフが伸びる

売買がたくさん成立している

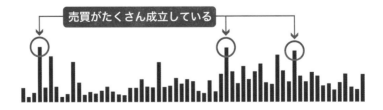

「売買が成立する」っていう意味がわからないんだけど……

OK！　もう少し丁寧に見ていこう！

株の価格はどうやって決まるの？

 そもそもだけど、**株の値段はなんで決まるのか、わかる？**

えっと……いわれてみれば、どうして値段が変わっていくんだろ？

 株価は需要と供給で決まる。これは、「オークション」に似てる部分 があるよ。

例えば、ある漁師さんがいたとする。
朝に魚を釣ってきて、市場で業者にオークション形式で魚を売るとしよう。どういうときにその魚の値段が高くなっていく？

そりゃもちろん、購入したい人が多いと、どんどん値段が上がっていくよね

需要によって値上がりする魚の例

お魚、いくら出して買いますか？

3,000円のあなたに売ります！

3,000円で売って！

2,000円で売って！

1,000円で売って！

需要によって魚の価格が上がる

 そう。逆に、全然売れないのはその魚をほしい人がいないときだよね

需要がなくて値下がりする魚の例

需要によって魚の価格が下がる

株価もそれと少し似ている部分がある。
株価が上がるときは、株を買いたいという需要が多いとき。
その株をほしいと思っている人がたくさんいると、「高くてもいいから売ってくれ！」っていう人がたくさん出てくるよね。

そしたら「お、こんなに高くなった。売っておこう」って人が出てくるけど、それでも買いたい人のほうが多いからどんどん株価が高くなっていく。
「もっと高くてもいいから売ってくれ！」って状態だね

まさしくオークションみたいだね。買いたい人が多いから相場が高くなっていくんだ

逆に、「売りたい」と思う人のほうが多いと、どんどん株価は下がっていくよ。株は、買いの需要が高くなると株価は上がって、売りの需要が高くなると株価が下がるんだよ

株価は需要と供給で決まる

なるほどねぇ～。
その企業が不祥事を起こしたり、業績が悪くなったら株価が下がる
と思ってたから、需要と供給なんて考えたことなかったな

それは株主が「この会社ダメだな。値下がりしそうだから売ろう」と
なり、売りが多くなって値段が下がるって仕組みなの。
つまり、企業の業績が悪くなることで株の売りの需要が高まった状
態ね

出来高はどれだけ売買が賑わっているのかを表す

株価が需要と供給で決まるってことがわかったところで、出来高の
話に戻ろう。

出来高のグラフが伸びているところは、売買がたくさん成立してい
るところ。つまり、そのとき、売りたい人と買いたい人がたくさん
いて売買が盛り上がっているというポイントなんだよ

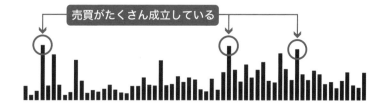

売買が多いと出来高のグラフが伸びる

売買がたくさん成立している

売りたい人しかいない、買いたい人しかいない、という状態じゃ売
買は成立しない。

売りたい人と買いたい人の値段がマッチングしてはじめて売買が成
立する。
そしてその売買がたくさん行われるから、株価も動く

いわれてみれば当たり前だけど、売買が成立するには、買いたい人
と売りたい人両方いないといけないんだね

売りたい人と買いたい人の値段が マッチングして売買が成立する

900円で
売りたい！

売買
成立

900円で
買いたい！

人気のない株だったら、そもそも人がいなくて自分が買いたいと思っても売ってくれる人がいないかもしれないの？

 そのとおりだよ。マッチングする相手を見つけるには、たくさん人がいる場所で見つけるほうが簡単なの。
自分が買いたいときや売りたいときにすぐ相手を見つけるためには、その株の売買が賑わっている場所かどうか、知っておく必要がある

売買がたくさん行われて株価が動く

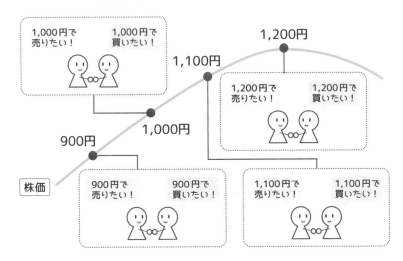

1,000円で
売りたい！
1,000円で
買いたい！

1,200円

1,100円

1,200円で
売りたい！
1,200円で
買いたい！

1,000円

900円

株価

900円で
売りたい！
900円で
買いたい！

1,100円で
売りたい！
1,100円で
買いたい！

あっ、じゃあそのときに出来高のグラフが役立つってことかな？

そう。だからある程度ちゃんと出来高がある株を選ぶほうがいいんだよ

売買のマッチングは板で見よう

株の売買でマッチングする相手は、目で見ることはできないの？
例えば、「500円で売りたい人が20人います」とか

人数はわからないけど、「○円で▲株売りに出されています」っていう情報は見ることができるよ

そうなんだ！

後で詳しく話すけど、株は現在の値段じゃなくて、値段を指定して予約注文を出すことができるのね。

その予約注文が一覧されていて、投資家はそれを見ることができるんだけど、この一覧表のことを「板」と呼ぶの。下の図が板だよ

株価の「板」の見方

売数量	気配値	買数量
2,000	317	
2,200	316	
1,800	315	
1,300	314	
	313	200
	312	700
	311	700
	310	1,900

価格

売り注文のリスト

「313円以下で買いたい」が200株分ある

「314円以上で売りたい」が1,300株分ある

買い注文のリスト

左側が売りたい数で、右側が買いたい数なんだね

そう。これであなたが今「313円で100株買いたいです」って注文を出したら、313円の欄が100株増えるよ

今「313円で100株買いたいです」と注文を出したら……

| | 価格 | |
売数量	気配値	買数量
2,000	317	
2,200	316	
1,800	315	
1,300	314	
	313	200
	312	700
	311	700
	310	1,900

売り注文のリスト

ここが
+100になる

買い注文のリスト

 そして株価が313円に動いたとき、自分の順番に回ってきたら無事に購入することができる

自分の順番に回ってこないことがあるの？

 この板の図では、313円にはあなたより先に200株分予約が入ってたよね。
だから、もし「313円で100株売ってやる」って人が現れても、先に注文を出していた他の人とマッチング成立されちゃうの

えーそっか。早いもの順なとこがあるんだね。
どうしてもその株がほしいと思った場合はどうしたらいいの？

 「314円で買いたい！」って注文したら、成立するよね？

なるほど。そうやって値段が動いていくのか

そういうこと。マッチングして売買が成立すればするほど、株価が動いていく。
たくさんの売買が行われると、株価は大きく動くことになるって意味がわかったところで、チャートに戻ってみよう。

出来高のグラフが大きく動いた後、株価が大きく伸びてるよね？

出来高が大きく動き、その後に株価が大きく動く

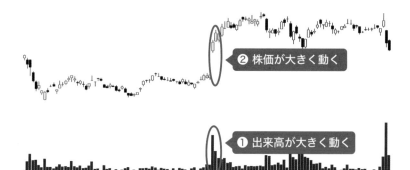

❷ 株価が大きく動く

❶ 出来高が大きく動く

うん！　売買がたくさん成立して株価が動いたんだね

株の取引をするにあたって、出来高のチェックをするべきってことがわかったかな？

売買の少ない銘柄では、売買が成立しないことが多いから、ちゃんと出来高があるかチェックしなきゃなんだね

そして、**出来高のグラフが大きく動いたら、その後大きく株価が動く予兆になってるから**、そこにも注目してね

チャートのトレンドとは

 出来高の意味がわかったところで、ローソク足がつながってできた **株価チャート全体に戻ってみよう**

ローソク足はもう覚えたよ

 今回は、そのローソク足が連なったチャートの流れを見るよ。

チャートの流れの方向は「トレンド」と呼ばれるんだけど、**チャート分析ではトレンドを意識することが大事**だといわれているよ

上昇トレンドとは

 相場の流れが上向きになっている箇所を「上昇トレンド」と呼ぶ。

例えば、下のチャートではローソク足の流れが上に向かって動いているよね。これが「上昇トレンド」だよ

上昇トレンド

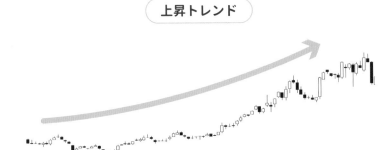

うん。見たまんまだね

そう。見たまんま。上昇トレンドでは、株価が値上がりしていっているのがわかるよね

うん。調子がよく、ぐんぐん伸びている感じがする！　安いときに買っていたら大きく儲けられそうだね

 そう。チャートの中で上昇トレンドを見つけてそれに乗ったら儲けることができるよね

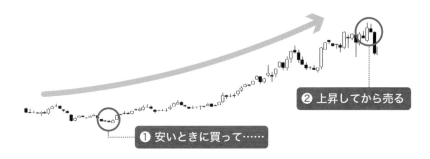

上昇トレンドの流れに乗って儲けよう

❷ 上昇してから売る

❶ 安いときに買って……

下降トレンド

 チャートが下方向に流れているところが「下降トレンド」よ

下降トレンド

 株価がどんどん下落していってるのがわかるよね。ローソク足も陰線が多いね

自分が持っている株がこんな状態になったら不安だなぁ

 この株を持っている人はそういう気分になる人が多いだろうね。

それで「売ろう」と思った人が多くなったら下降トレンドが加速する。みんなが「要らないな、売りたいな」と思ったら、どんどん値段が落ちていくのが株だからね。
逆に、みんなが「買いたい！」と思ったら、株の価格はもっと上がっていくよ

それが上昇トレンドのときなんだよね？

 正解。トレンドを意識していると、今、株がどんな状態なのかがわかるんだよ

レンジ相場

 上昇トレンドでも下降トレンドでもないときに発生するのが「レンジ相場」だよ。

レンジ相場は、上昇や下降といった方向性はない状態で、下の図のように、一定の価格帯で、上昇したら反転して下がって、下降したら反転して上がってを繰り返しているところのこと。

チャートで探してみてね

レンジ相場（揉み合い相場・ボックス相場ともいう）

チャートでよく見る曲線の名は「移動平均線」

株価チャートには、ローソク足以外にもさまざまな線が表示されていることがあるわ。例えばこんな感じよ

> **チャートに表示されている線たち**

意味わからなくて怖い

ローソク足以外のこういった線のことは「テクニカル指標」と呼ばれている。
テクニカル指標は数多くの種類があって、自分で好きなものを表示させられる。一番有名なテクニカル指標といえば、移動平均線だね

> **移動平均線とは**

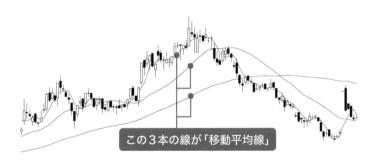

この３本の線が「移動平均線」

この線は、なんか見たことある気がする。移動平均線って名前も聞いたことあるような……

移動平均線は最も有名なテクニカル指標で、チャート分析には欠かせない存在。
本書では難しいテクニカル指標の話はしないけど、移動平均線の基礎だけは理解しよう！

移動平均線は過去の株価の平均値

移動平均線は、過去の株価の終値の平均価格を表した線だよ。
何日間の平均値かは、その線によって違う。

例えば、下の日足チャートに表示されている移動平均線は「5日移動平均線」なんだけど、これはその名前のとおり、過去5日間の株価の終値の平均を示した線なんだ

日足チャートに表示された5日移動平均線

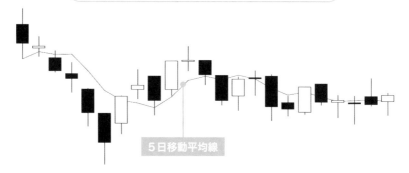

5日移動平均線

うーん。「過去5日の平均」ってどういう意味？

それじゃ、5日移動平均線を拡大して見てみよう。

次の図では、Ⓐから見て過去5日の終値の平均値がⒶの地点の価格になる。
Ⓑの価格はⒷから見て過去5日の終値の平均値になる

５日移動平均線の成り立ち

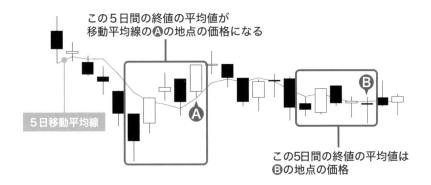

この５日間の終値の平均値が
移動平均線の🅐の地点の価格になる

５日移動平均線

この5日間の終値の平均値は
🅑の地点の価格

こうやって平均値を出してその点をつないでいったものが移動平均線。
この例では「過去５日の終値の平均値」だから「５日移動平均線」だけど、過去20日なら20日移動平均線、過去80日なら80日移動平均線になるよ

いろんな日数の移動平均線があるんだね

色々用意されているし、証券会社のチャートでは設定を変更して自分で日数を決めることができるよ。
下のチャートは日足チャートに５日移動平均線と25日移動平均線と75日移動平均線を表示させたものだよ

日足チャートに３本の移動平均線を表示させる

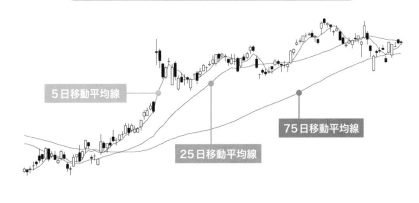

５日移動平均線

25日移動平均線

75日移動平均線

5日移動平均線と25日移動平均線、75日移動平均線はそれぞれ動きが違うんだね

 そう。いちばん株価（ローソク足）に似ている動きをしているのは5日移動平均線だよね？

うん。5日移動平均線は、株価にちょっと遅れて同じような動きをしているね

 思い出してほしいんだけど、5日移動平均線は5日前からの株価の平均を表しているものだったよね？
だから、現在の株価（ローソク足）の動きに5日遅れて変化していくの。
株価に少し遅れて同じような動きをするのはそのためだよ

なるほど。25日移動平均線になると、そこまで似てないね

 25日移動平均線は、過去25日分の株価の平均になるわけだから、現在の株価とは違うことが多い。
でも、遅れて同じ動きになっていっているよね。

さっきのチャートをもう一度見てみると、株価が上昇しはじめて、その後少し遅れて5日移動平均線が上昇しているのがわかる。
そして、その後また遅れて25日移動平均線が、もっと遅れて75日移動平均線が反応して上昇しているのがわかるね

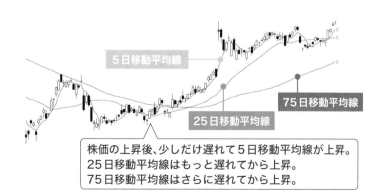

株価の上昇後、少しだけ遅れて5日移動平均線が上昇。
25日移動平均線はもっと遅れてから上昇。
75日移動平均線はさらに遅れてから上昇。

75日移動平均線は、他よりかなり動きが鈍いね？

 75日もの日数の株価の平均値を出しているんだから、当然動きは少ない。その結果、移動平均線の動きはなだらかになるの

移動平均線が参照する日数が少ないほど動きが活発で、現在の株価に近い動きをするんだね！

移動平均線はトレンドを可視化する

移動平均線の仕組みはなんとなくわかったけど、これで何がわかるの？

 移動平均線の大きな役割はトレンドの可視化。

移動平均線は株価の平均値なわけだから、移動平均線が上向きなら上昇トレンド、下向きなら下降トレンドってことが見た瞬間わかるよ

移動平均線が上向きなら上昇トレンド、下向きなら下降トレンド

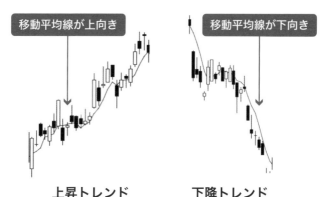

確かにそうだけど、トレンドはローソク足だけで十分わかるんじゃない？

ローソク足と移動平均線を見比べることでもっと細かくトレンドの
強さがわかるようになるんだよ。
下のチャートの囲ってる部分を見てみて

四角で囲っている部分は、ローソク足と5日移動平均線と25日移
動平均線は上昇トレンドだけど、75日移動平均線はやや下降してい
るよね？

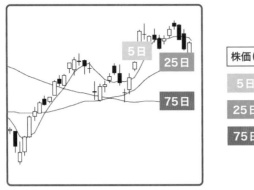

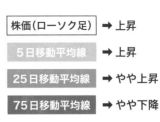

株価（ローソク足）	➡ 上昇
5日移動平均線	➡ 上昇
25日移動平均線	➡ やや上昇
75日移動平均線	➡ やや下降

そうだね。ん？　これってどういうことなんだろ

現在は上り調子だけど、75日間の過去の平均としてはまだ上昇とはいえないってことなの。
「長い目でみたら、まだ上昇トレンドじゃないぞ」ってこと

なるほど。今は上昇しているけど、過去と平均して見るとまだ上昇トレンドに入っているといえないってことか

 そのとおり。それに比べて、下のチャートの囲った部分はどう？

ローソク足と3種類の移動平均線の全部が同じ向きのトレンドだ

 この状態だと、現在株を買った人も、過去に買った人も、平均してみんなが同じトレンドを感じていることになる。

全部の線が下降トレンドならみんなが下降の勢いを感じて、全部の線が上昇トレンドならみんなが上昇の勢いを感じている状態ってことがわかるんだよ

なぜ移動平均線と株価が同じ動きだとトレンドが強いのか

 移動平均線と株価が同じ向きに動いていると、トレンドが強くなる理由について、もう少し見てみよう。
次のチャートの赤色で囲っている部分に注目。この地点の株価と、移動平均線が表す値段にも注目してね

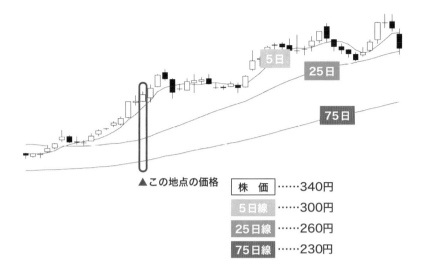

▲この地点の価格

株　価	……340円
5日線	……300円
25日線	……260円
75日線	……230円

この地点での株価は340円。5日移動平均線では300円、25日移動平均線では260円、75日移動平均線では230円を示しているよ

そうだね

5日移動平均線、つまり「過去5日の間に株を買った人の平均的な取得価格」は300円で、現在が340円。
つまり、5日前に買った人たちはだいたい40円値上がりしているってこと。40円儲かっている状態ね

なるほど。じゃあ、25日移動平均線は260円だから、25日前に買った人は80円も儲かっている状態だ。75日前の人は、110円も儲かったってことか！

つまり、この株を持っている人はこの地点でほとんど儲かっていることになるよね

そうだね

このとき、投資家たちはみんな「儲かってるぜ！　これいい株だね！」ってなってるってことだよね？　つまり、「上向きになっている強気な気持ち」ってこと。

こういうときのことは強気相場といって、強気相場では買いの需要が上がっていく。「儲かってるからもっとほしい！」と思う人が多いからね。
投資家は「儲かってるぜ！　これいい株だな」➡「もっとほしいな」➡「もっと買おう」となり、結果、買いの需要が高まって株価は上がる。

さっきのチャートをもう一回見てみて。さっきの地点の後、株価は上昇しているよ

株価が移動平均線の上にあるときは、強気な相場になって株価上昇しやすいんだね。
その逆で移動平均線が株価より上にあるときは下降トレンドになりやすいってこと？

 そうだね。下図の赤色の地点では、移動平均線が株価の上にある。つまり、過去に買った人は今の株価より高い値段で買っているってこと

移動平均線が株価よりも上にあると……

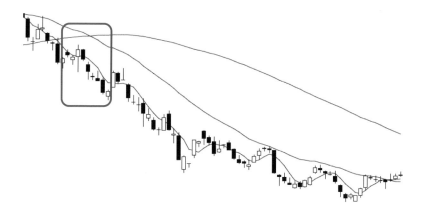

投資家たちは手持ちの株が値下がりした状態だ

 そう。そしたら売りたくなる人が増えて……

株価が下がっていく！

正解。さっきの地点の後、株価は下がっていっているよね

なるほどねぇ。**移動平均線は過去の地点で買った人の気持ちがわかるんだね**

■ 移動平均線の短期線・中期線・長期線

 ここまで移動平均線の例として、5日移動平均線や25日移動平均線を使ってきたけど、最初にいったとおり、「○日移動平均線」の○日の部分に決まりはない。

ただ、比較的短い期間の移動平均線を「**短期線**」、長い期間の移動平均線を「**長期線**」、中間の期間のものを「**中期線**」って呼ぶよ

「比較的短い期間」とか、アバウトだな。
「○日～○日までの移動平均線は短期線！」とか決まってないの？

 そもそも、○日移動平均線とも限らないよ。
週足チャートを使っているなら、5週移動平均線とか25週移動平均線とかになってくるし

あ、そっか

 でも、一般的に以下のような感じで使われていることが多いよ

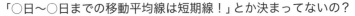
> 日足チャート ➡ 短期5日・中期25日・長期75日
> 週足チャート ➡ 短期13週・中期26週・長期52週
> 月足チャート ➡ 短期12ヵ月・中期24ヵ月・長期36ヵ月

短期線・中期線・長期線の3種類の移動平均線があるってことだけ、覚えておこうっと

ゴールデンクロスと デッドクロス

移動平均線を使った売買のサイン

移動平均線の使い方として有名なのが、**ゴールデンクロス**とデッド クロス。
これは、**2本の移動平均線を使ったチャート分析の手法**だよ

なんか怖い名前

ゴールデンクロスって名前はかっこよくない？ まずゴールデンク ロスから説明するね。

ゴールデンクロスは、**短期の移動平均線がそれより長期の線の移動 平均線を下から上に突き抜ける**ことをいうんだけど、ゴールデンク ロスはその後に株価が上昇するといわれている、**有名な買いのサイ ン**なんだよ

25日移動平均線

5日移動平均線

短期線（5日）が
中期線（25日）を
下から上に突き抜ける
「ゴールデンクロス」

確かに、ゴールデンクロスの後に株価が大きく上昇しているね

次の図でもう少し詳しく見てみよう。

ゴールデンクロスの少し前までは、株価も短期線も長期線も下向き
で下降トレンドだよね。
でも、ゴールデンクロスを境に、株価も2つの線も上昇に転じている

ゴールデンクロスを境に全部の線が上昇に転じた

25日移動平均線

5日移動平均線

「ゴールデンクロス」

株価と全部の移動平均線が上を向いている状態は強い上昇のサイン
だったよね

 そう。つまり、ゴールデンクロスは、勢いの強い上昇トレンドに入
る前の予兆みたいなものとされている

激アツチャンスのサインって感じなんだね。
もし、ゴールデンクロスで買って、上昇トレンドに乗って値上がり
したところで売ったら儲けられるね

❷ 上昇してから売る

❶ ゴールデンクロスで買って……

だからゴールデンクロスは買いのサインといわれているわけ。
でもね、ゴールデンクロスが絶対激アツサインって訳ではないから気をつけよう。

ゴールデンクロスしたけど、すぐに株価が下落することもある。サインが出ても不発に終わることをダマシと呼ぶよ

ゴールデンクロスが不発に終わる「ダマシ」

ダマシ　　　ダマシ

ゴールデンクロスが発生したけど上昇トレンドにならずに、すぐに株価が下がっちゃったね。
ゴールデンクロスは絶対的なサインじゃないんだ……

というか、ゴールデンクロスじゃなくても「絶対的なサイン」なんてものは存在しない。
パチンコだってソシャゲだって、激アツサインが出たからって絶対大当たりする訳じゃないよね？　それと同じ。

絶対ではないけどゴールデンクロスは「上昇に転じる確率が高い」といわれているサインだよ。

ダマシを絶対回避できる訳じゃないけど、短期線が角度をつけて大きく突き抜けるゴールデンクロスは、上昇の勢いが強いといわれているよ

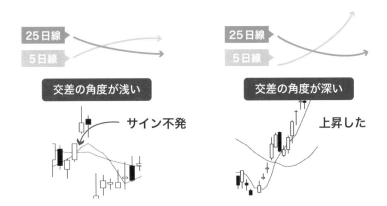

短期線が突き抜ける角度に注目！

25日線

5日線

交差の角度が浅い

サイン不発

25日線

5日線

交差の角度が深い

上昇した

デッドクロス

ゴールデンクロスの逆で、**短期線が長期線を上から下に抜くことを**
デッドクロスと呼ぶ。
これは、下降トレンドに転じる際に現れるので、売りのサインとい
われている

デッドクロス

「デッドクロス」

25日移動平均線

5日移動平均線

「デッド」って怖い名前のほうが下降トレンドって覚えよっかな…

ゴールデンクロス同様、**デッドクロスにもダマシがあるから気をつ**
けてね

株の信用取引とは

株の売買で利益が出るときって、どんなことをしたときだと思う?

え、そりゃあ…株を買って、それが値上がりして売却したら儲かるよね

それが基本の株の儲け方なんだけど、株には「売り」から入る売買の方法もあるんだよ。
それは「空売り」と呼ばれる手法で、株をまず売って、値下がりしたら買い戻すことで儲ける手法なんだ

■ 株の儲け方は2パターンある

> ・安く買って高く売る
> ・高く売って安く買い直す(空売り)

「高く売って安く買い直す」って意味がわかんないなぁ〜

じゃあ、空売りを身近な例で例えてみよう。メルカリで例えるとこんな感じになるよ

> ❶ 金山がトウ子にブランドのバッグを借りる(お礼としてケーキを奢る約束をする)
> ❷ 借りたバッグを5万円で売る
> ❸ バーゲンで同じバッグを2万円で買う。バッグを返してケーキを奢る

5万円でトウ子さんのバッグを売って、後日同じものを2万円で買い直したら3万円儲かるってことか! 手数料のケーキ代がかかるけど、それでも2万9,000円以上は儲かるからお小遣い稼ぎになるね。まぁ、実際には人のバッグを勝手に売るなんてありえないから非現実的だけどさ。同じバッグを買い直せなかったら終わりじゃん

そうだね。でも、株なら空売りしても同じ株を買い直せるから心配ないよ。

株の空売りを簡単にいうと、

・投資家が証券会社から株を借りる（借りるのに手数料が発生する）
・借りた株を売る
・株の値段が下がったときに買い戻して証券会社に返す

って仕組みなの

空売りの仕組み

株、貸してください！

手数料払うならいいよ！

借りた株、売ろう。
1,000円で売れたわ

株価が下がってきた。
800円になってる！ 買い戻そう！

株と手数料返しまーす！

はい、どうもー！

手数料かかったけど儲かった！

ふむふむ。借りた株を安く買い直したら利益が出るから、下降トレンドのときに利益を出すことができるんだね

空売りは下降トレンドで利益を出す

❶ 高いときに売って……

❷ ここで買い戻す！

下降トレンドで
利益を出す
「空売り」

そうそう。ただし、空売りは普通に証券会社に口座を開くだけではできなくて、「信用口座」という口座に別途申し込みが必要になるよ。その理由は、空売りは難易度が高い投資術だから。

初心者が手を出すには早い投資術だから、もっと投資に慣れてからはじめるようにしてね

株を注文する

では、ここから株の買い方についての話をするね。株はどこで買うのかは覚えている？

もちろん。証券会社でしょ？　サイトで買えるんだよね？

うん。Webサイトや証券会社が作っているアプリなんかで簡単に買える。今の時代、スマホから株を買う人がたくさんいるんだよ

スマホかぁ〜。それなら、昼でも夜でもいつでも買えるね

いつでも注文はできるんだけど、株の市場が開いている時間しか売買が成立されない。この時間外に注文したとしても、この時間になったら売買がはじまるよ

■株が取引できる時間帯

> 9:00〜11:30
> 12:30〜15:00

午前と午後に分かれてるんだね

あ、ちなみに平日だけね。土日祝は休み

株の「指値注文」とは

例えば、狙っているA社の株が今3,000円だとするじゃない？
でも、今は下降トレンドに入っていて、もう少し株価が下がりそう。
「2,800円になったら買いたい」…そう思っているとき、どうしたら
いいと思う？

私なら毎日株価をチェックして、株価が2,800円になったところで
急いで買うね！

それって面倒だし、見逃してしまうかもしれないよね？
そんなときは「指値注文」という注文方法で買い注文を出してみよ
う。
指値注文では、「○円以下になったら買う」という注文が出せる。

「現在は3,000円だけど2,800円以下になったら買いたい」と思っ
たら「2,800円で買いの指値注文」を出せばいい

■指値注文

> ・○円以下になったら買う
> ・○円以上になったら売る

指値注文を出しておけば、何度も株価をチェックしないでいいんだ
ね

便利だよね。「本日中に○円になったら買い」「今月中に○円になっ
たら買い」のように期限も決められるよ

指値注文で買い注文を出そう

もし値上がり
したら買わない…

株価 ➡

上昇した場合 ▶ 3,100円

現在値 3,000円

下降した場合 ▶ 2,800円

値段が下がって
2,800円になったら
買いたい！

という場合は ……▶ 指値注文 で
2,800円で
買い注文を出す

例えば、この注文をスマホから夜中に出しておけば、次の日の市場が開いている時間に受付処理されるってこと？

そう。注文自体は夜中でも祝日でもいつでも出せるけど、受付されるのは市場の開場時間になってからだよ

成行注文とは

次に覚えてほしい注文方法が、「成行注文」。これは、「何円でもいいから買いたい・売りたい」ってときに使う注文方法よ

■ 成行注文

何円でもいいから買いたい・売りたいときに使う注文

今の値段でいいから買う（売る）ってときに使うんだよね？

売買が成立するのが今の値段とは限らないから、現在の値段で必ず買える（売れる）とは限らないわ。
思ったより高い値段でしか買えなかったり、安い値段で売ってしまうかもしれない。
でも、「どうしても今ほしい、今売りたい！」ってときは成行注文を出すといいよ

うーん。どんなときに使えばいいかよくわかんないんだけど

 損をしているときに、成行売りが使われるよ。俗にいう「損切り」ってやつだね

損切り？

 損切りは、買った株が値下がりしたときに、**損を承知で売っちゃうこと**。「損切りが株取引において一番大事」という投資家も多いんだよ

損切りとは

損切りが株取引で一番大事ってどういうこと？

 株では、何勝何敗だったら儲かると思う？

そりゃ、5勝5敗なら引き分けだから、6勝4敗以上にならないといけないんじゃない？

 答えは「勝率は関係ない」だよ。
1勝9敗でもその1勝が大きく儲けて、9敗の負けが少額なら、通算したら儲かるよね？

確かに

 そうするためには、**損するときはできるだけその損失を小さくすること**、儲けるときは大きく儲けることが大事になってくる。

でも、この損を小さくすることが本当に難しい。

理由は、株を保有している限りは負けも勝ちも確定しないから。
株は、「今売れば損決定」といった、いわゆる「含み損」の状態でも売らないかぎり損は確定しないからだよ

そうだね

 もしあなたが購入した株の価格が下がっていったら、どう思う？
「今は含み損だけど、もしかしたらこれから回復して、値上がりする
かもしれない」って考えちゃわない？

含み損とは

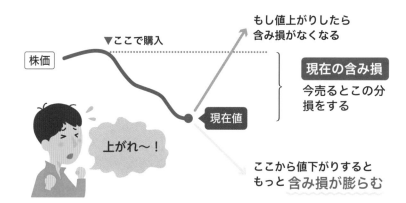

もし値上がりしたら
含み損がなくなる

▼ここで購入

株価

現在の含み損
今売るとこの分
損をする

現在値

上がれ〜！

ここから値下がりすると
もっと **含み損が膨らむ**

そりゃそう思うよ〜！
ここで売ったら損失が確定するけど、ずっと持っていたらいつか値
上がりするかもしれないし、含み損でも保有していたいよ…

 でも、そういうときに限って、どんどん負けが大きくなるもの…

う……でも、損するのがわかってて売るの、いやだ〜〜

 ほとんどの人がそんな気持ちになるわけだけど、そうやって損切り
ができないせいで、どんどん損が膨らんでいくよね。

みんな、損を含んでもそれを認めたくなくて損切できない。でも、
損切りして損を小さく抑えることが株で勝つ鉄則だから、損切りは
素早く行動することが大事。
「これ以上損害が膨らむ前に成行注文でとにかく売る！」って決断が
大事になってくるんだよね

損切りかぁ……

損を確定して売るって、すごく難しいし辛いよね。
だけど、「損切りができないと、株で勝つことはできない」といわれ
ているくらい、損切りは大事っていわれているんだよ

逆指値注文を使う

 損切りをスムーズに行うために、おすすめの方法が「逆指値注文」だ
よ。

逆指値……ややこしい名前だな

 逆指値注文は「○円以下になったら売る」「○円以上になったら買う」
という内容の注文のことなの

■逆指値注文

・○円以下になったら売る (損切りで使おう！)
・○円以上になったら買う

名前のとおり、指値注文と逆の性質になっているね

 例えば3,000円で株を買った場合、株を買った後にすぐに損切りの
ために「2,800円になったら売る」という逆指値注文を出しておけ
ば、その値段になったら勝手に損切りしてくれるよ

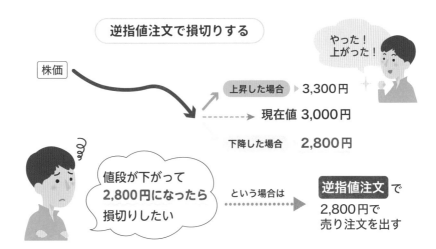

逆指値注文で損切りする

やった！
上がった！

株価

上昇した場合 ▶ 3,300円

現在値 3,000円

下降した場合 2,800円

値段が下がって
2,800円になったら
損切りしたい

という場合は ▶ 逆指値注文 で
2,800円で
売り注文を出す

さらに、同時に「3,300円になったら売る」というような指値注文を出しておけば、勝手に利益確定もしてくれる。
この場合、株価がどっちに動いたとしても自動的に売買してもらえるよ

利益確定の指し値注文と損切りの逆指値注文

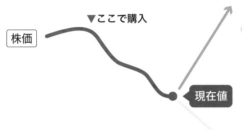

▼ここで購入

株価

値上がりしたら
指値注文で利益確定

現在値

値下がりしたら
逆指値注文で損切り

もちろん手動でやってもいいけどね。
もし売買を自動化したいなら、このように損切りと利益確定を一緒に注文を出しておくってこともできるんだよ

注文から売却まで自動化するような注文方法だね

ここまで話した成行・指値・逆指値以外にも便利な注文方法を各証券会社が用意してくれているから、ぜひ調べてみてね。

ただし、どんな注文方法でも、基本になるのはこの3種類の注文方法だから、この3つをちゃんと覚えておけば、基本的な売買ができるはず。

確定さえしなければ執行されないし、アプリやWebサイトでいつでも売買画面が見られるから、まずは売買画面を自分で確認してみるといいよ！

MEMO

サポートページのご案内

本書の執筆時から変更になった制度の内容や補足説明などは、サポートページから確認できます。

▶ **サポートページ** https://asupublishing.com/support/00-6-nisa/

サポートページの内容
- 新 NISA の追加情報
- 旧 NISA 制度（一般 NISA、つみたて NISA）の解説
- 正誤表
- 内容についてのお問い合わせ
- その他本書に関する情報

PART **2**

投資信託と
NISA

初心者が取り組みやすい「投資信託」とは

さて、ここからは投資信託について見ていこう

最初のほうで「初心者は投資信託が取り組みやすい」といっていたね

そうだね。先に述べた通り、投資信託は初心者でも取り組みやすい投資だよ。それには、

> ・少額から投資をはじめられる
> ・プロが運用してくれる
> ・海外にも手軽に投資できる

というような理由があるよ

投資信託ってどんな投資商品なの？

投資信託は投資商品の１つで「投信」や「ファンド」とも呼ばれている。投資信託は簡単にいうと、「福袋」のようなものだと考えられる

福袋？　福袋ってあの、お正月に売り出される、いろんな商品が詰まったアレ？

そう。その福袋。
福袋の特徴といえば、いろんな商品が入っていることだよね。例えばレディースファッションの福袋なら、トップス・スカート・アウター・アクセサリーなどが詰め合わせられて入っているよ

レディースファッションの福袋

そうだね！　いろんな商品が入っていてうれしいよね！

投資信託も福袋と同じで、同じテーマの投資商品がいくつか詰め合わされている商品なんだ。
例えば「日本の株」というテーマの投資信託があるとする。この投資信託には、まるで福袋のようにいろんな日本の株が入っているよ

福袋みたいに日本の株を詰め合わせる投資信託の例

いろいろな日本の株が入っている

じゃあ、この「日本の株」がテーマの福袋……投資信託を買うだけで、中身の株が手に入るってこと？

そう。福袋を買ったら、自動的にアウターもバッグもスカートもアクセサリーも手に入るよね。
それと同じで、**投資信託を買うことで中身の株を買っていることになるよ。**
ちなみに、福袋はブランドによってテーマが違うよね?

そうだね。ファッションブランドの福袋はそのブランドによって中身が全然違うし、そもそもジャンルが違う福袋もあるよね。

電器屋さんの福袋だったらゲーム機が入っていたり、食品の福袋なら高級食材が入っていたりするし

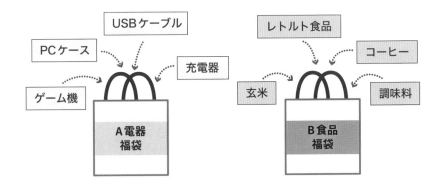

ブランドや業種によって福袋のテーマが違う

USBケーブル
PCケース
充電器
ゲーム機
A電器福袋

レトルト食品
コーヒー
玄米
調味料
B食品福袋

業種やテーマによって詰め合わされている福袋の中身はさまざまだよね。それと同じで、**投資信託のテーマもさまざまなの。**

「日本の株」だったり**「アメリカの株」**だったり、投資信託の中身は福袋のようにテーマによって変化するよ!

「投資信託の中身はそれぞれ違う」の例

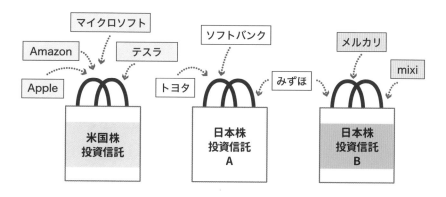

 ふうん。投資信託も福袋みたいにそれぞれ中身が違うんだ

そんな感じだよ。じゃあ、実際の投資信託の例をみてみようか。

ここでは、「ひふみ投信」と「MHAM 株式オープン」という2つの投資信託の中身を見比べてみよう

「ひふみ投信」と「MHAM株式オープン」を福袋に例えると……

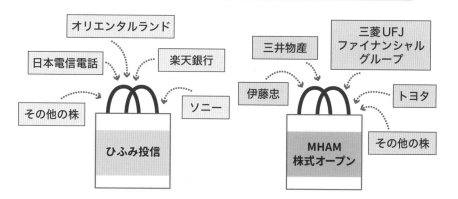

ソニーに伊藤忠に…私でも知っている有名企業の株がたくさんだ！

 この福袋のような投資信託を1つ買うだけで、ソニーや伊藤忠みたいな大企業の株を間接的に買っていることになるよ。
もし1つ1つ大企業の株を買っていたら、すごくたくさんのお金が必要になるけど、投資信託を1つ買うだけで、とっても手軽に手に入るよね

もしかして、私の好きな任天堂の株が入っている投資信託もあるの……？

 もちろん任天堂株が中に入っている投資信託もあるよ。
例えば「成長株ジャパン・オープン」という投資信託は、**「成長性があり、株価上昇が期待される銘柄」をテーマにした投資信託**だよ。

任天堂株をはじめ、たくさんの成長すると見込まれる日本株が詰め合わされている

「**成長株ジャパン・オープン**」を福袋に例えると……

東洋エンジニアリング
ソニー
良品計画
アドバンテスト
東京製鐵
任天堂
住友金属鉱山
ローム
その他の株
投資信託「成長株ジャパン・オープン」

任天堂だけじゃなくて、有名な会社がたくさん入っているね！

 この「成長株ジャパン・オープン」という投資信託を買うだけで、これらの企業の株全部に投資したのと同じことになるから、**間接的に任天堂に投資しているのと一緒**なんだよ

投資信託を買う意味って？

投資信託が福袋みたいに色んな株が詰め合わせされているのはわかったけど……、なんでこんなふうに詰め合わせセットが作られているの？　投資信託を買うことの意味って何？

 また福袋に例えて話すけど……
あなたがこれまで好きなブランドの福袋を買ってきた経験の中で、福袋の中身が全部素晴らしい商品だったことってある？　大体はつまらない商品も一緒に入っているよね？

そうだね。今年買ったファッションブランドの福袋には素敵なコートが入っていたけど、セーターはダサくて使えたもんじゃなかったよ

 福袋の中身全部が素晴らしい商品であることは少ないよね。「これ要らないな」って思う商品も混じってる。
でも、素敵な商品がいくつかあれば「まぁいいかな」って思わない？

うん。その福袋に入ってたセーターとピアスはダサかったけど、コートは超可愛かったし、スカートもいけてたから、買ってよかった！

 投資信託もその福袋と同じ。
いくつかの株の業績が悪くても、いい業績の銘柄があればトータルで見て儲かるのはわかるよね。

１社の株を買った場合は、もしその１社が値下がりしたら損をしてしまうけど、投資信託なら、１社の株が値下がりしても他の株がカバーしてくれることで、いい結果が残る確率が上がる

そっか。１社の株だけに投資してたら、それが値下がりしたときに大ダメージなんだね

 そう。投資信託なら、投資信託を１つ買うだけでたくさんの株に同時に投資していることになるから、リスクを分散していることになる。

こうやって、1つの銘柄ではなく、さまざまな銘柄に投資することで危険を分散して全体で勝つという考え方を、投資の世界では「**分散投資**」と呼ぶよ。
分散投資は投資の基本の考え方だから覚えておこう

▌投資信託の中身は株だけじゃない！

投資信託の中身の株は、投資信託ごとに違うんだよね？

うん。
投資信託の中身は「**組入銘柄（くみいれめいがら）**」と呼ばれるんだけど、それぞれの投資信託ごとに組入銘柄が違う。
だから投資信託は、中にどんな銘柄が入っているかをちゃんと見てから買わないといけないよ

買う前にちゃんと中身がわかるのは、福袋と違うところだね

そうだね。あと、**投資信託の中身は株だけとは限らないよ**。債券や不動産のこともあるし、投資先も日本とは限らない。

「日本株」「アメリカ株」「全世界の株」「中国株」「日本の不動産」「海外の不動産」「日本の債券」「アメリカの債券」……って感じで、さまざまな国と投資対象の組み合わせがあるよ

投資信託のテーマは幅広い

投資信託はなぜ安いのか

投資信託は福袋みたいな感じで、株とかの詰め合わせセットだってことはわかったけど……。たくさんの株が入っている福袋なんて高そうだなぁ

 投資信託の購入金額はものすごく安くからはじめられるよ。株よりずっと安くて、1,000円から、証券会社によっては100円から買えるの

100円!?　本物の福袋より安いじゃん！

 安さの秘密は投資信託の運営の仕組みにあるよ。

投資信託はたくさんの投資家からお金を集めて、それをファンドマネジャーという投資のプロが運用する仕組みになっている。
そして儲けが出たら、それを投資家に還元するって仕組みだよ

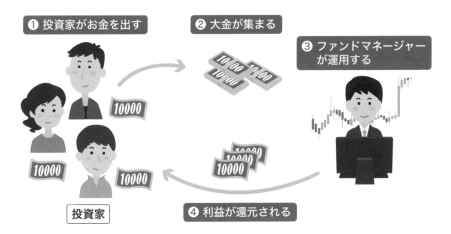

ファンドの流れ

❶ 投資家がお金を出す
❷ 大金が集まる
❸ ファンドマネージャーが運用する
❹ 利益が還元される
投資家

 たくさんの人で資金を出し合うから、一人の負担額は少なくても大丈夫なの。
もちろん、少ししか出資していない人はリターンも少ないけどね

投資信託の種類

投資信託ってどんなものがあるの？

 投資信託は、構成する中身の種類によって分類できて、本当にいろんな種類があるんだけど、

- ・株の投資信託
- ・不動産の投資信託
- ・債券の投資信託
- ・コモディティの投資信託
- ・上記の詰め合わせのような投資信託 (バランス型ファンド)

とりあえず、今はこの5つをおさえておこう

株の投資信託

株の投資信託は、ここまでの例でも出てきたね

 うん。これまで出てきたような、株の詰め合わせの投資信託がまず1つ目の種類だよ。福袋に例えると、日本株の詰め合わせの投資信託はこんな感じだね

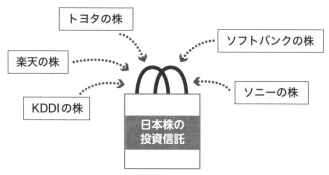

福袋みたいに日本の株を詰め合わせる投資信託の例

トヨタの株
楽天の株
KDDIの株
ソフトバンクの株
ソニーの株
日本株の投資信託

いろいろな日本の株が入っている

実際は、この図のように数個の株じゃなくて、**めちゃくちゃたくさんの株が入っているよ**。例えば1,000くらい入っていたりすることもあるわ

さっきは日本の株の投資信託っていってたけど、海外の株もあるってこと？

そう。株の投資信託の中にも、

- **日本の株の投資信託**
- **先進国の株の投資信託**
- **アメリカの株の投資信託**
- **途上国の株の投資信託**

って感じで、いろんな国の株式を対象にした投資信託があるよ

不動産の投資信託

不動産にも、投資信託があるんだ

不動産の投資信託では、例えばビルなんかの**不動産に投資することになる。**家賃でリターンを得たり売却益を得たりするの

すごい！　投資信託を買うだけで、不動産投資をしていることになるのか

そうだね。ちなみに不動産も

- **日本の不動産投資**
- **海外の不動産投資**

がある。不動産投資信託にはREIT（リート）という名前がついているよ

債券の投資信託

債券っていうのは、**国や企業が発行している証券のこと。**債券と引き換えに国や企業は、投資家からお金を借りることができるよ

株に似ているね

 株と違って、債券は発行する段階で利率と満期日が決まっている点が特徴だよ。

期間中に利子をもらって満了日に元本の払い戻しを受ける約束でお金を貸している感じだね。もしかしたら紙切れになるかもしれない株よりも低リスクになっている

債券の仕組み

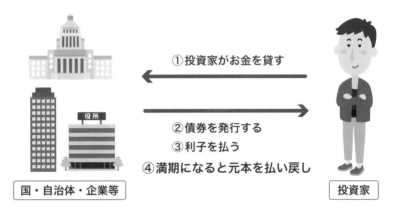

① 投資家がお金を貸す

② 債券を発行する
③ 利子を払う
④ 満期になると元本を払い戻し

国・自治体・企業等　　投資家

元本の払い戻しの約束があるのはうれしいね！

 日本国が発行している債券は日本国債だよ

国債って聞いたことある！
それにしても、債券って、ちゃんと満了日が決まってるからリスクが低そうでいいよね

 国債はかなり安定した投資先といわれているけど、その分リターンも少ない投資になっている。
ちなみに、債券も

　・日本の債券
　・海外の債券

がある。ただし、債券のリスクが低いのは日本や先進国だけの話で、新興国や途上国の債券の中には高いリスクの債券もあるから注意しよう

コモディティの投資信託

コモディティ？　初耳の単語かも

 言葉は聞きなれないかもしれないけど、中身に関してはすごく見慣れたものだよ。金、大豆、原油、小麦など、日常生活に必要な食料や資源などのことをコモディティというよ

コモディティの例

| 大豆 | 原油 | 小麦 | 金 |

全部身近なものだね！　ま、金は別に身近じゃないけど

 ちょっと難しい話だけど、コモディティはインフレに強い資産といわれてるよ。ただ、ちょっと玄人向けな部分があるね

バランス型ファンド

 これまで紹介して来た投資信託を全部ミックスしたのが「バランス型ファンド」だよ。
株・不動産・債券・コモディティなどを独自の比率でミックスした投資信託になっている

バランス型ファンドの例

米国
株式

国内
株式

先進国
株式

コモディティ

新興国
債券

海外
不動産

先進国
債券

国内
不動産

いろんな種類の
ファンドの
詰め合わせ

すごい！　超分散投資！

バランス型ファンドのメリットは、**これ1つでいろんなジャンルの投資商品を買うことができる**ってこと。
デメリットは、必要ないものまで買ってしまうかもしれないってことだね。

その人の希望にそったバランス型ファンドが見つからなかったら、不要な商品まで入ったバランス型ファンドを買うことになるかもしれないからね

投資信託は
どんなときに儲かるの？

株は買いの需要が大きくなると価格が上がって、売りの需要が大きくなると株価が下がったよね。
投資信託の価格が上がるときもこれと一緒なの？

 いいえ。投資信託の価格は需要で決まるわけじゃないよ。

投資信託の価格を決めるいちばん大きな要素は運用の成績。
例えば株の投資信託なら、構成銘柄の株価が上がれば投資信託の価格も上がるし、構成銘柄の株価が下がれば投資信託の価格も下がる

なるほど。福袋の中身の株が値上がりしなきゃダメってことだね。
ていうことは、投資信託は株と違って、その投資信託が人気があるかどうかは問題じゃないってこと？

 そういうわけでもないよ。
投資信託は、みんなの資金を集めてファンドマネージャーが運用するって話をしたよね？
だから、参加者が多い投資信託は運用できる金額が大きくなり、規模の大きなファンドになる。

投資信託の規模があまりに小さいと運用が困難になることもあるから、あまりに不人気な投資信託はおすすめできない

不人気すぎる銘柄はダメだけど、人気で選ぶのもよくないってこと？

 うん。人気がある投資信託＝よい投資信託というわけではないから、人気商品に飛びつくのはよくないんだ

なんか難しいなぁ。じゃあ、どんな投資信託を買えばいいの？

 じゃあ次から、初心者が取り組みやすい投資信託のはじめ方について見ていこう

「ドルコスト平均法」が 初心者向けの理由

投資信託初心者が取り組みやすい投資法

 ここからは、初心者がどんなふうに投資信託をはじめるといいかという話をするね。
まずは「ドルコスト平均法」から

ドルコスト平均法？

 これは、**投資信託の買い方のこと**。聞きなれない言葉だろうけど、1つずつ見ていこう！

毎月同じ値段だけ買うドルコスト平均法

 投資のイメージとして、「まず買って、それを保有して値上がるのを待つ」ってイメージがない？

ある。てゆうか、それが普通じゃないの？

 例えば株だと、「一気に100株を買って保有する」っていうような投資方法だったけど、投資信託には、**「積み立てで投資する」**って投資法がよく行われているよ。

毎月1,000円とか毎月4万円とか、自分の経済事情に合わせて無理のない範囲で毎月購入していくという投資方法だよ。
この投資方法を**「積み立て投資」**というんだけど、投資信託ではこの**積み立て投資で投資している人がたくさんいる**。

そして、この毎月一定額の積み立て投資が初心者が取り組みやすい投資方法といわれているの。その理由は大きく分けて2つあるよ

■積み立て投資が取り組みやすい理由

・少ない資金からはじめられる
・ドルコスト平均法で取得価格が平均化される

積み立て投資が取り組みやすい理由①
少ない資金ではじめられる

毎月定額を投資していくなら、最初にまとまったお金が必要ないもんね

 そう。
投資信託の積み立て投資は、例えばお給料の中から毎月３万円、同じ投資信託をずっと買っていくって感じの投資方法だから、最初にまとまったお金がなくてもすぐにはじめられる

月３万円なら、今のお給料でもなんとかなりそうだな

 少ない金額からでも、長く投資することで、どんどん元本も増えて利益も大きくすることができるよ。
これ、なんていうか覚えている？

え、なんだろう

 複利だよ

そうだった！　複利の力で元本も利益もどんどん大きくなるんだよね

 投資信託の積み立て投資は複利の力を利用してお金を増やす投資法なんだ。だから、長期の投資をすることが前提の投資方法でもある。

毎月少しずつでもいいから長期間投資し続けることによって、複利の力で大きな利益を得ることができるの

実際、月々いくら投資していったら、どれくらいの利益が出るんだろう

じゃあ、だいたいどれくらいの金額になるか計算してくれるサイトを使って、積み立て投資でどれだけ資産を増やせるか見てみようか。

楽天証券の「積立かんたんシミュレーション」というページで、自分の毎月の積み立てできる金額や、これから何年くらいは積み立てていくかを入力することによって、どれくらいの利益が出るのかをシミュレートできるよ

・楽天証券：積立かんたんシミュレーション

https://www.rakuten-sec.co.jp/web/fund/
saving/simulation/

「楽天証券│積立かんたんシミュレーション」を使ってみる

上記画像は楽天証券Webサイトより引用

⟫⟫⟫ 積み立ての期間の設定

さっそく入力してみるね！ えっと……毎月積み立て額は3万円にしようかな……この「積立期間」は何年って設定したらいいの？いつまで積み立てたらいいの？

投資信託にゴールは決まってないから、**お金を積み立てることができる期間はずっと積み立てを続けるといいよ。**
逆にいえば、お金が必要になったらすぐに解約して現金化すればいいし

そうなんだ

貯金だって、「○歳になったら全部使おう！」と思って貯金している人は少ないよね。長期投資もそれと一緒で、できる限りは続けて、現金が必要になったら売って現金化すればいいよ。
ちなみに、全額一気に解約しなくても「100万円分だけ現金化（解約）」ということができるよ

私は今28歳だから、とりあえずこのシミュレーターには32年の積み立てを入力してみようかな。
60歳を目安にすると、32年間積み立てることになるからね

投資信託のリターンについて

シミュレーターの「リターン」の項目には、目標の利回りを入力しよう。利回りは買う投資信託によるんだけど、

- ・低リスクなもの‥‥‥‥‥‥‥‥‥ 2％以下
- ・中程度のリスクのもの‥‥‥‥ 3〜4％
- ・高リスクのもの‥‥‥‥‥‥‥‥‥ 5％以上

くらいをここでは入力してみて

シミュレーターに

- ・毎月3万円
- ・32年間積み立てる
- ・利回り4％

を入力してみた！

上記画像は楽天証券Webサイトより引用

この条件で積み立てした場合、最終積み立て金額が……約2,330万円って出たけど……え、60歳までにこんなに貯まるの？

これはシミュレーションだから、「あくまでこの利回りなら」って仮定だけどね。でも逆にいえば、この利回りさえクリアしていたらこれだけの金額が60歳の時点で資産になるってこと。結構すごいよね？

ちなみに、下の図が2,330万円の内訳。
あなたが積み立てた金額（元本）は1,152万円だけで、後の1,178万円は、複利の力で生み出されたお金だよ

最終積み立て結果　**23,300,928円**

積み立てた金額（元本） **11,520,000円**	運用益 **11,780,928円**

運用で倍くらいに増えてるってことだよね。複利の力すげー！

うんうん。複利の力って本当にすごいよね

積み立て投資が取り組みやすい理由 ②
ドルコスト平均法で取得価格が平均化される

「同じ投資信託を毎月3万円ずつ買っていく」という方法は「ドルコスト平均法」っていう投資方法なんだ。ドルコスト平均法のルールは簡単で、

- ・毎月同じ投資信託を買う
- ・毎月同じ日に買う
- ・毎月同じ額を買う

これだけ。
「毎月15日にAというファンドを3万円分買っていく」といった感じだね

めっちゃ簡単じゃん

 とても簡単なんだけど、実はこれはとても大事なことなんだよ。
なぜなら、この買い方をすると、**最終的に取得価格を平均化できる**
から

どういうこと？

 次の図は、とある投資信託の価格を示したチャートだよ（折れ線グ
ラフが投資信託の価格の推移）。

もちろん、投資信託の価格は上がったり下がったりするんだけど、
このファンドを毎月同じ日に３万ずつ買っていくとする。
価格が上がっていたとしても、下がっていたとしても、関係なく１
ヶ月ごと（図では丸印の箇所）に３万ずつ買っていくわけ。

すると、平均取得価格は、中央のラインになる

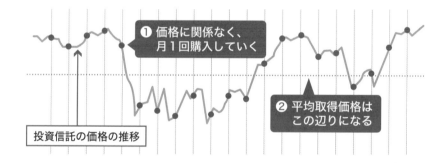

❶ 価格に関係なく、
月１回購入していく

❷ 平均取得価格は
この辺りになる

投資信託の価格の推移

 投資信託を毎月同じ金額ずつ買っていくと、価格が高いときは３万
円で少ししか買えなくて、価格が下がっているときは同じ３万円で
たくさん買えるの。

こうやって、**毎月同じ金額を投資していくことで、取得価格を平均**
化する買い方を「ドルコスト平均法」って呼ぶよ

積み立ての日付は自分で決められるの?

うん。自分で「毎月○日に買う」って設定したら、自動的に口座から引き落として毎月投資信託を買ってくれるよ

それは便利だね

下の図は、楽天証券の積み立て投資の設定画面なんだけど、こういうふうに、「毎月○日に○円を積み立て投資する」って設定しておけば、あとは毎月勝手にお金が口座から引き落としされて積み立ててくれるよ

積み立ての設定（楽天証券の例）

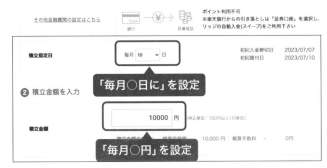

上記画像は楽天証券Webサイトより引用

最初に引き落とし日を設定しておけば、自動的に積み立てしてくれるって便利だね。家賃の引き落としみたい

便利すぎて、引き落とされるお金はちゃんと口座に入れておくのを忘れないようにね

私は毎月10日が会社の給料日だから、11日を引き落とし日にしようかな。
それなら、お金が足りないってことはなさそうだし!

それはいいアイデアだね!
証券会社によっては、カードで支払えたり、提携ポイントを使用できたりもするよ

手数料が安い投資信託を選ぼう

投資信託を選ぶときは手数料に気をつけて！

 投資信託を選ぶときは、手数料が安い投資信託を選ぶようにしよう。これは簡単なようで、すごく大事なことだよ。投資の手数料は、たった1%の差、むしろ0.1%の差で大きく変わるんだよ

手数料の差っていうから、10%と2%くらいの違いかと思ったら、そんなに小さい数字なの？

 小さい数字だと思うじゃない？　でも、この小さい数字にこだわることがすごく大事

手数料には3種類ある

 まず、投資信託にかかる手数料は3種類あるってことを知ってね

・投資信託を買うときに毎回かかる手数料 ……… 購入時手数料
・投資信託の運用中にずっとかかる手数料 ……… 信託報酬
・投資信託を解約するときにかかる手数料 ……… 信託財産留保額

難しい言葉が出てきた！　拒否反応がすごい！

 詳しい言葉は、おいおい覚えておけばいいから、とりあえずここでは「投資信託は買うときと運用中に手数料を払って、解約するときも手数料が取られる」って覚えておけばOK

手数料だらけじゃん

 そうなんだよ。
だから、この手数料をどれだけ安くするかが、投資信託で利益を伸ばすポイントといわれているよ

購入時手数料は無料のものを選ぼう

 投資信託の手数料の1つ目は「購入時手数料」。名前の通り、投資信託の購入のときにかかる手数料。
投資信託は、買うたびにお金がかかるよ

積み立て投資で毎月投資信託を買う場合、毎月手数料がかかるってこと？

 そのとおり。**毎月取られることになるから、できるだけ安い金額にする必要があるよ。**
というか、投資信託の中には購入時手数料が無料のものがあるから、それを選ぶのもおすすめ。購入時手数料無料の投資信託は「ノーロード」と呼ばれているよ

信託報酬は0.2%以下が望ましい

 次は運用中にかかる手数料ね。これには「信託報酬」って名前がついている。信託報酬は、投資している間ずっとかかる手数料なの。

信託報酬は残念ながら無料のものはない。
信託報酬は、投資信託を保有している間、ずっと払い続ける手数料だから、信託報酬はできるだけ安く抑えたいね

投資信託は長期の積み立てで投資するものだから、何十年と払い続ける手数料だもんね。ちなみに信託報酬はどれくらいかかるの？

 信託報酬の幅は広くて、0.1%ほどの低いものから、3%くらいのものまであるよ

高いものでも3%か。そんなに高くないね？

 いやいや、めちゃくちゃ高いから！　あなた、前回のシミュレーションで、利回り4%を設定してたよね？
年間4%の利回りなのに、年間3%の手数料がかかるとしたら、実質利回りは1%になってしまうよ

え……やばい。利益が4分の1になってしまうんだね

 信託報酬は投資している間ずっとつきまとう問題。
たった1%の手数料の差が大きな差を生むから、信託報酬は安く抑えたいね

信託報酬の差が直接、利回りに響いてくるんだね

 同じような内容の投資信託で迷ったら、手数料の安さで比較するようにしよう。個人的には信託報酬は0.2%台以下にするのが望ましいと考えているよ

売却時にかかる信託財産留保額

 最後の手数料は「信託財産留保額」。これは、投資信託を解約（売却）するときにかかる手数料。

これも投資信託によって変わってくるんだけど、そのときの投資信託の価格の0.3%くらいであることが多いといわれている。
ちなみに、信託財産留保額がない投資信託もあるよ

これも無料のものがいいよね！

 信託財産留保額に関しては、一概にそうともいえないんだよ。
投資信託はみんなのお金を集めて運用するものだから、解約すると運用資金が減ってしまうでしょ？
そこで、この信託財産留保額をまだ残っている人たちのために支払うの。運用の資金に回されるってこと。

だから、自分が残る側として見たらこの信託財産留保額があったほうがいいって面もある。
そのため、「信託財産留保額はあっても仕方ない手数料」と考える人も多いんだよ

手数料を安く抑えるコツ

手数料についてまとめると、

> ・購入手数料は無料のものがおすすめ
> ・信託報酬は0.2％台以下にするのが望ましい

って感じなんだね

 そうだね。そして、このような手数料が安い投資信託っていうのは、実はパターンが決まっていたりする。それは、

> ❶ネット証券の投資信託
> ❷インデックスファンドの投資信託

この2つの条件をクリアした投資信託は手数料が安いっていう傾向があるの

株もそうだったけど、投資信託もネット証券のほうが手数料が安いんだね

 うん。
同じ投資信託でも総合証券会社では手数料がすごく高いってこともあるよ。だから初心者はネット証券で投資信託を購入するといいと思うよ

2つ目の、「インデックスファンド」っていうのは何？

 インデックスファンドについては、次に説明するね。

個人的には、インデックスファンドは取り組みやすくて初心者におすすめの投資信託だと思っているよ

インデックスファンドって何？

初心者はインデックスファンドが取り組みやすい

さっき、インデックスファンドは手数料が安いっていっていたね

 手数料が安いことはもちろん、それ以外でもメリットがいっぱいなのが、インデックスファンドだよ

ふーん

 結論だけいうと、「インデックスファンドって種類の投資信託はいいよ」ってことなんだけど、その理由を少し紹介するね

インデックスファンドは指数連動する投資信託

指数……

 固まらないで。
例えば「日経平均株価」とか「TOPIX」って聞いたことある？

名前くらいは……

 これが指数。「日経平均株価」とか「TOPIX」は株価指数といわれる数字だよ。
株価以外にもいろんな指数が存在するんだけど、ここでは株価指数を例にして見ていこう！

日経平均株価とは何か？

 インデックスファンドのことを勉強する前に、まずは指数の意味から知っておこう。ここでは指数の例として、「日経平均株価」の話をするよ。日経平均株価は、日本の株式市場の代表的な株価指標の1つで、「日経平均」や「日経225」と呼ばれることもある

「日経平均」という言葉は聞いたことあるよ

 毎日ニュースで聞く言葉だよね。
ざっくりいうと、日経平均株価は日本の代表的な225社の企業の株価の平均のこと。
日本の代表的な企業の平均株価を数値化することで、日本の景気を示しているの。
日本の会社の景気がよければ日経平均が上がるし、その逆になると下がる

日経平均株価の225社は、日本代表選手って感じの会社なんだね

 そうだね。ちなみに、この225社はずっと同じ会社がノミネートされているわけじゃない。
時々入れ替えて、今の日本の代表企業を最新の形にするの

指数とインデックスファンドの関係

 そして、指数に連動した投資信託を「インデックスファンド」というよ。連動とは、ざっくりいうと「同じ動きをする」ってこと。

簡単にいえば、次の図のような感じになる。日経平均株価に連動するインデックスファンドは、日経平均株価が上がれば一緒に上がるし、日経平均株価が下がれば一緒に下がる性質があるんだよ

インデックスファンドの値動きは指数の動きに連動する例

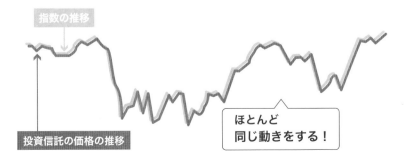

どの指数に連動するかは、インデックスファンドによって違うの？

うん。日経平均株価に連動するインデックスファンド、アメリカの株価指数「S&P500」に連動するインデックスファンド……みたいな感じで、その投資信託によって採用している指数が違う

それはわかったけど、なぜインデックスファンドがおすすめなの？

1つ目の理由は、「わかりやすい」から。
日経平均株価は日本の経済の指針なわけじゃない？　日本の会社が儲かって株価が上がる≒日本の景気がいいってことだから。

だから、「日本の経済がこれからよくなりそうだな」って思う人は、日本の株価指数のインデックスファンドを買えばいいよね。
予想通り日本の経済が成長すれば、インデックスファンドも値上がりするよ

確かにわかりやすい。いつもの福袋の例でいうと、日本の代表的な会社の株が入っている感じかな？

うん。それに近いね。
日経平均株価は日本の代表の225社の株価の平均だったじゃない？
つまり、日経平均株価に連動したインデックスファンドは、この225社の株で構成されているってこと。
だから、日経平均株価のインデックスファンドは、日経平均を構成する全部の株が入った福袋って感じだね

日経平均に含まれる株たちを全部入れる！

全部で225社の株！

この投資信託の中身は日経平均株価を作る株と同じなんだから、値動きは、日経平均株価と同じになるよね。これが、インデックスファンドが指数に連動する理由だよ

なるほど

実際はもう少し複雑なんだけど、簡略化していうとこんな感じ。

日経平均株価に連動するってことは、ざっくりいえば**日本全体の景気に連動することと同じ**と考えられるから、**日経平均に連動するインデックスファンド＝日本全体に投資する投資信託**と考えられるんだよ

指数は色々ある！

ここまでの例は、日本の株価指数（日経平均株価）に連動したインデックスファンドについて話してきたけど、**いろんなジャンルの指数がある**よ。例えば、**アメリカの株の指数**とか、**不動産の指数**とか

いろんなジャンルの指数があるってことは、それに連動したいろんな種類のインデックスファンドがあるんだね

そう。米国の株価指数の「**S&P500**」なんかは有名だよね。
指数の名前を全部覚えるのは大変だし、覚えなくても大丈夫なんだけど、いくつか有名なものだけは知っておくといいよ

■インデックスファンドで使われる有名な指数の例

日経平均株価	日本の株価指数。日本を代表する225銘柄の株価平均
TOPIX	日本の株価指数。東証市場第一部に上場する全銘柄を対象にして算出
NYダウ	アメリカの株価指数。アメリカを代表する30社で構成
S&P500	アメリカの株価指数。大企業500銘柄から算出
MSCI コクサイ インデックス	日本以外の全世界を対象にした株価指数
ノムラBPI総合指数	日本の債券の指数
東証REIT指数	日本の不動産の指数。東京証券取引所に上場しているREIT全銘柄から算出

インデックスファンドの手数料が安い理由

インデックスファンドは手数料が安いといっていたけど、どの指数を使っているインデックスファンドでも安いの？

 手数料の安さの理由はインデックスファンドの仕組み自体に関係しているから、**指数の種類は関係ないよ。**

インデックスファンド以外の普通の投資信託のことは「**アクティブファンド**」と呼ぶんだけど、アクティブファンドの場合、投資信託の組入銘柄を選ぶのもファンドマネージャーの仕事になってくるの。

いろんな会社を分析して、「この株はいい株かな？」「うちの投資信託に組み入れようかな？」と考えるのはすごく大変な仕事なんだ。
でも、インデックスファンドなら構成銘柄は指数に含まれている銘柄と決まっているから、ファンドマネージャーは指数を構成している株などを買うだけでいい。

つまり、とても**運用が簡単**なの。**運用が簡単だから、手数料が安くなる**

なるほど。それならAIでもできるかもしれないね

 「**インデックスファンドとアクティブファンドのパフォーマンスを比べたら、インデックスファンドのほうがよかった**」という研究結果もあって、利回りを平均して見るとインデックスファンドのほうがリターンが大きいといわれているよ。

手数料も安くて、平均してパフォーマンスがよいといわれていて、わかりやすい。

この３つの理由から、初心者にとってインデックスファンドは取り組みやすい投資だと私は思っているよ

個別の投資信託の情報をネットで見てみよう

投資信託について、詳しくなってきた気がする！
実際にどんな投資信託が売っているか、見てみたいなぁ

 では、「みんかぶ」というサイトで「eMAXIS Slim 米国株式（S&P500）」という投資信託の情報を見てみよう

イー…マクシ…？

 「eMAXIS Slim（イーマクシス スリム）」。これは業界最低水準の運用コストをめざすインデックスファンドのシリーズで、投資家に人気のあるシリーズだから、覚えておくといいよ

シリーズってことは、何個もあるの？

 うん。いろんな指標に連動したeMAXIS Slimの商品がある。例としては、こんな感じ。

> ・eMAXIS Slim 全世界株式（オール・カントリー）
> ・eMAXIS Slim 全世界株式（除く日本）
> ・eMAXIS Slim 米国株式（S&P500）
> ・eMAXIS Slim 先進国株式インデックス
> ・eMAXIS Slim 新興国株式インデックス

全世界の株式に投資するものや、先進国株式に投資するものなど、いろんな指標のインデックスファンドがあるんだね

 うん。eMAXISシリーズは、投資信託の人気ランキングでは上位常連の人気ファンドだよ。
では、この中からeMAXIS Slim 米国株式（S&P500）のページを見てみよう！

次の画像が、「みんかぶ」で見た「eMAXIS Slim 米国株式（S&P500）」の情報だよ。いろんな項目があるけど、特に大事な項目をいくつか見てみよう

投資信託の情報を見る

投資信託の名前

eMAXIS Slim米国株式（S&P500）

♥お気に入りに追加

口コミ・評価 ★★★★☆ 4 (11件)

基準価額
07/06　**22,842円**　-61(-0.27%)

基準価額
（128ページ参照）

推計基準価額 次回更新は07/10 10:35以降　---

● 推計算出方法について

■基本情報　⊿チャート　分配金　組入銘柄　販売会社　類似銘柄

eMAXIS Slim米国株式（S&P500）の基本情報

純資産総額
（130ページ参照）

レーティング	★★★★☆	販売手数料（上限・税込）	0.00%
リターン（1年）	23.84%(238位)	信託報酬	年率0.09372%
純資産額	2兆4001億円	信託財産留保額	-
決算回数	年1回		

各手数料
（117ページ参照）

目論見書・レポート		
月次レポート	交付目論見書	請求目論見書
運用報告書（全体版）	交付運用報告書	最新分析レポート FUND PRESS

目論見書・レポート
（131ページ参照）

リターン詳細	分配金履歴

分配金
（132ページ参照）

基準価額・純資産額チャート

3ヶ月　6ヶ月　1年　3年　5年　10年　設定来

— 基準価額　— 分配金込み価額

（2018/10　2019/05　2019/12　2020/07　2021/02　2021/09　2022/04　2022/11　2023/06）

— 純資産（百万円）

（2014　2015　2016　2017　2018　2019　2020　2021　2022　2023）

比較チャート

チャート
（130ページ参照）

運用方針

1. マザーファンドへの投資を通じて、米国の株式を主要投資対象とし、S＆P500指数（配当込み、円換算ベース）の値動きに連動する投資成果をめざして運用を行います。

2. 主としてS＆P500指数に採用されている米国の株式に投資を行い、信託財産の1口当たりの純資産額の変動率をS＆P500指数の変動率に一致させることを目的とした運用を行います。

3. 実質組入外貨建資産については、原則として為替ヘッジを行わないため、為替相場の変動による影響を受けます。

組入銘柄

組入銘柄
この投資信託に組み入れられている株式が確認できる

みんかぶ-eMAXIS Slim 米国株式（S&P500）より引用
https://itf.minkabu.jp/fund/03311187

基準価額は「現在の値段」

投資信託のページを見たときに、目立って表示されている数字が、「基準価額」で、これは1万口あたりの投資信託の価格を表している。

基準価額は毎日変化するから、「今日の投資信託の価格」という感じで覚えておけばいいよ

株価は1株あたりの価格が基準になるけど、投資信託は1万口が基準なんだね？　というか「口（くち）」ってなに？

投資信託は口（くち）という単位で所有するの。

株の場合は「任天堂株を100株持っている」のようにカウントするけど、投資信託は「eMAXIS Slim 米国株式（S&P500）を1,000口所有している」のように考えるよ

わかるような、わからんような……

投資信託を買うときは、口数ではなくて金額指定することが多いから、ちょっとわかりにくいよね。

じゃあ、毎月投資信託を3万円分購入している場合を例にして考えてみよう。毎月購入できる口数は、購入金額÷基準価額×10,000の式で求められるよ

購入できる口数を考えてみる

$$\boxed{購入する金額} \div \boxed{基準価額} \times \mathbf{10{,}000} = \boxed{取得した口数}$$

※基準価額は1万口あたりの価格なので、10,000を掛ける

基準価額が2万円の日に3万円分購入した場合
3万円÷2万円×10,000＝**15,000**口取得

基準価額が8,000円の日に3万円分購入した場合
3万円÷8,000円×10,000＝**37,500**口取得

※手数料等は考慮していません

基準価額が低いときは、口数の取得数が多くなっているね。
これはドルコスト平均法で教えてもらった通りだ！

そのとおり。
このように投資家は投資信託を購入して、保有口数を増やしていくんだよ

≫≫≫ 基準価額が上がれば、利益が出る

ここまでは、投資信託の購入と基準価額の関係を見てきたけど、次は投資信託の売却と基準価額の関係を見てみよう。

売却する口数×売却する日の基準価額÷10,000の式で、「今日売った場合いくらになるか」がわかるよ

売る口数×基準価額から売却価格が計算できる

売却する口数	×	基準価額	÷10,000 =	売却したときの価格

※基準価額は1万口あたりの価格なので、10,000で割る

基準価額が3万円の日に10万口を売却した場合　　10万口×3万円÷10,000＝**30万円**

基準価額が5万円の日に10万口を売却した場合　　10万口×5万円÷10,000＝**50万円**

※手数料等は考慮していません

口数×基準価額の掛け算で、売却価格が決まるんだね。ということは、売却益を増やしたいなら

・口数を増やす
・基準価額が値上がりする

の2つの要素が必要なんだね

投資信託の基準価額の推移は、チャートを見たらわかりやすいよ。
さっきの「eMAXIS Slim 米国株式（S&P500）」という投資信託の

過去5年間の基準価額の推移を示したチャートを見てみよう

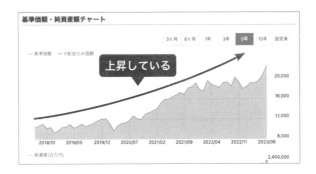

おお！ 右肩上がりに上昇しているね！

もしこの投資信託を長期で保有していたら、しっかりとしたキャピタルゲインが狙えるよね。
売買益を狙うなら、チャートのチェックは必須だよ。**基準価額がしっかり上がっていっているか、チェックしようね**

純資産総額

基準価額のチャートと一緒に表示されることが多いのが「純資産総額」のチャートだよ。
さっきの「eMAXIS Slim 米国株式（S&P500）」のページでも、基準価額のチャートの下に、純資産総額のチャートが表示されているよ

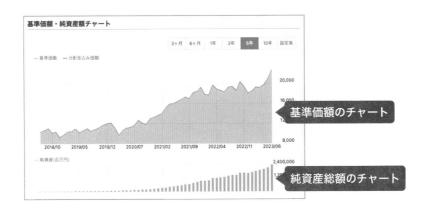

この例では、純資産総額のチャートも右肩上がりだね！
……で、純資産総額ってなに？

 投資信託は、多くの人からお金を集めて株や債券を購入して運用するということは覚えている？
その投資信託が持っている株や債券などの資産の価値を合計して、信託報酬などのコストを差し引いたものが「純資産総額」になるよ。

簡単にいえば、「投資信託の規模」を示す指標だね

たくさんのお金が集まって、そのお金で買った株や債券が利益を出すと、純資産総額が増えるって感じ？

 そんな感じだね。
人気があってたくさんの人からお金が集まって、運用もうまくいっていると、純資産総額が増えていくよ。
純資産総額のチャートで、順調に増えていっているかをチェックしようね

目論見書・レポート

 投資信託の商品ページでは、「目論見書」と「レポート」がダウンロードできるようになっているよ。投資信託を購入する前には、この2つを読むようにしてね

「目論見書」と「レポート」がダウンロードできる

目論見書

- - - - -

投資信託の説明書のようなもの。商品の特色、投資方針、手数料などが記載されている

運用レポート

- - - - -

これまでの投資の運用成果をまとめたもの

詳しく情報が書かれた商品説明書みたいなもんなんだね。
買いたい投資信託の目論見書とレポートを読んでみよっと！

分配金は「なし」を選ぶか 再投資する理由とは

投資信託の分配金とは?

さっきの投資信託の商品ページを見ていたら「分配金」という項目が あったんだけど、これって株でいう配当金みたいなもの?

みんかぶ-eMAXIS Slim 米国株式 (S&P500)より引用
https://itf.minkabu.jp/fund/ 03311187

 イメージとしては似ているかも。**投資信託の運用から得た収益など を、投資家に還元する仕組みが分配金だよ**

株の配当金と同じじゃん!

 いや、分配金は株の配当金とは違う性質を持っているよ。 分配金とはどんなものか、見ていこう!

分配金は「もらい方」に注目!

 投資信託の分配金にはこんなパターンがあるよ。

> ・毎月分配金……毎月分配金がもらえる
> ・年1回分配金…年に1回だけ分配金がもらえる
> ・分配金なし……分配金を出さない

分配金が毎月もらえる投資信託もあるんだ!　最高だね。 それに比べて分配金なしって最悪……

って思うよね？　でも、「お金を増やしたいなら分配金がない投資信託を選ぶほうがいい」という考えもあるんだよ

ど、どういうこと？

投資でお金を増やすために大事な考え方である、「複利」を思い出してほしいんだけど、**投資信託のような長期投資では、利益を次の元本に回すことで、複利の効果を得られるんだったよね？**

利益を元本に含めて運用し、さらに利益を伸ばして、またその利益を次の元本に含めて……と繰り返すことで、資産を増やして行くことができるっていう複利の性質を覚えている？

うん

分配金をもらうということは、投資信託で出た利益を引き出すということになる。
利益を再投資するからこそ複利の効果が得られるのに、その利益の全部や一部を分配金として受け取ってしまったら、複利の効果は得られなくなるよね。

もちろん、**分配金を払ってもまだ利益が残っている場合もあるけど、それでも分配金をもらわない場合に比べたら複利の効果は薄いよ**

なるほど。複利の効果で資産を増やすためには、分配金がない投資信託を選ぶのがいいんだね

実際、一般的に「優良ファンド」と呼ばれるインデックスファンドは、分配金がないタイプが多いよ

さっきの「eMAXIS Slim 米国株式（S&P500）」も、これまで分配金を払っていないみたいだね

eMAXIS Slim 米国株式（S&P500）は、基準価額も純資産総額もしっかり上がっているのに、投資家に分配金を出していない。
この投資信託は、投資家への分配金をなしにして、最終的な売却益を大きくすることを狙うという方針なんだとわかるね

eMAXIS Slim 米国株式（S&P500）の分配金を見る

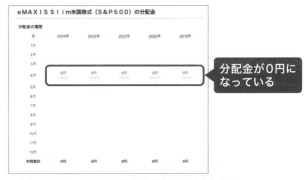

みんかぶ-eMAXIS Slim 米国株式（S&P500）より引用
https://itf.minkabu.jp/fund/03311187

分配金を「受け取らない」設定ができる

分配金が配られるタイプの投資信託だったとしても、「分配金をもらわない」という設定にすれば、分配金を再投資に回すことができるよ。

次の図は、楽天証券の投資信託の購入画面なんだけど、「分配金コース」という欄に「再投資型」「受取型」とあるよね。
ここで「再投資型」を選ぶと、もらえるはずの分配金は自動的に再投資される

分配金を再投資する設定（楽天証券の例）

上記画像は楽天証券Webサイトより引用

「分配金を再投資する」の設定にしておけば、分配金なしの投資信託を買っているのと同じになるってこと？

効果的にはほぼ同じなんだけど、細かくいうとちょっと違う部分があって…。

> ・「再投資する」の設定で再投資➡一旦配られた分配金で投資信託を買い足す
> ・「分配金なし」➡投資信託の内部で勝手に再投資してくれる

という違いがある。
効果的にはほぼ同じだから、細かいことは忘れたい人は忘れてOKなんだけど、一応こういった違いはあるよ

複利の効果を期待するなら、分配金「なし」の投資信託を選ぶか「受け取らない」設定にする

複利のために、分配金なしの投資信託を買うことにしようかなぁ。
分配金をもらってお小遣いにできたら、最高なのにな〜

その気持ちも理解できるけど、初心者は、

> ・複利を使う
> ・ドルコスト平均法で取得価格を平均化する
> ・手数料をできるだけ安くする

という3つの投資信託の基本を大事にするほうが取り組みやすいと思う。

それに、分配金は自分が保有している分量に比例してもらえるから、投資をはじめてすぐの頃は分配金の額も微々たるものだよ。
つまり、お小遣いっていえるほどの額は入ってこないってことだね

なるほど。じゃあ分配金をもらう楽しみは、投資額も分配金も大きくなった老後にとっておこうかな

分配金には2種類ある

分配金についてもう一つ覚えていてほしいのが、**分配金は必ず利益から出るとは限らない**ってこと

どういうこと？

分配金のイメージってこんな感じよね？　利益の一部、もしくは全部を分配金でもらうって感じ

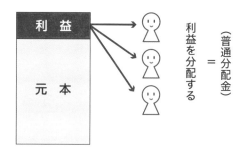

そうだね。そんな感じ

このように利益から支払われる分配金を「普通分配金」というんだけど、分配金にはもう一種類あって、それが「特別分配金」。

特別分配金は、分配金の足りない部分を元本から削って支払う分配金なの

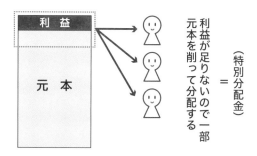

投資家に配る分配金が足りないときは、元本を削って分配金を払うってこと？

そういうこと。だから、**特別分配金には要注意**。
分配金が出るタイプの投資信託は、その分配金がどういう種類の分配金なのかってことをちゃんと調べなきゃダメだよ。
ちなみに、特別分配金が出るのってどんなときだと思う？

そりゃあ、**利益が出てないのに、分配金を出さなきゃいけないとき**だよね？

そういうケースってどういうときに起こりやすいと思う？

例えば、「毎月必ず分配金を出さなきゃけない」という決まりがあったとしたらどう？　利益が出ていない月でも分配金は払わなきゃいけないよね

あ、もしかして、**毎月分配金**……

そうなの。だから、**毎月分配型の投資信託は特に注意して調べてね**。
初心者は毎月分配型の投資信託には手を出さないほうが無難だと思うよ

分配金、結構奥が深いんだな

まぁ、難しく考えなくても、

- **毎月分配型の投資信託には注意する**
- **複利の効果を得たいなら、分配金がない投資信託を選ぶ**
- **普通分配金なら危なくはないが、複利の効果を得たいなら再投資コースを選ぶ**

と覚えておけばOKだよ

トウ子の買っている投資信託は？

初心者が取り組みやすい投資信託の買い方

 前回まで話した初心者が取り組みやすい投資信託の条件をまとめておこうか

■ 初心者が取り組みやすい投資信託の買い方まとめ

・手数料が安い投資信託を買うこと
・ドルコスト平均法で毎月積み立て投資をすること
・インデックスファンドを買うこと
・毎月分配型の投資信託は避ける・分配金は受け取らず、再投資に回すこと

 これは、私独自の提案ではなくて、**投資信託をやっている人には広く知られている考え方**なんだよ

そうなんだ。私もこのポイントを守って、自分が買いたい投資信託を選ぶことにするよ

 うん。順番としては、

❶ 投資対象と国を決める（例：アメリカの株式の投資信託）
❷ その中で販売手数料なし、信託報酬が安いものを探す
❸ 分配金はないものか、再投資型を選ぶ
❹ 毎月何日にいくらずつ積み立てるのかを決める
❺ 積み立て開始

ざっとこんな感じで投資をスタートさせられるよ

トウ子が買っている投資信託は？

色々わかったけど、もっと具体的に知りたいなぁ。
実際にトウ子さんが買っている投資信託について教えてよ

私が実際に買っているのは、

> ・全世界株式インデックスファンド
> ・米国株インデックスファンド
> ・REITインデックスファンド

の3つだよ。
それぞれ、どんな理由から購入しているか説明していくね

全世界株式インデックスファンドを買っている理由

私が買っている投資信託の1つ目は、「全世界株式インデックスファンド」だよ。名前の通り、世界中の株の詰め合わせセットだね

世界中の株の詰め合わせセットかぁ。そんなに広い対象に投資する意味って何？　やっぱり、分散投資が目的？

世界の経済って、毎年2%くらいは拡大しているといわれているんだよね。景気のいい国も悪い国もあるけど、平均してちょっとずつ拡大してるといわれている

え、そうなんだ。なんか意外だな

IMF（国際通貨基金）によると、2023年の世界経済成長率は2.9%に見込まれているの。
成長率が低い国もあるけど、すごく成長している国もあるから、「これらを平均したら、今年も世界全体では2.9%くらい成長するでしょ！」って感じね。

ってことは、世界中の株に投資する全世界株式インデックスファンドを買えば、理論上は同じような利益を得られると思わない？

確かに。それができるのがインデックスファンドの強みだね。その成長率を期待して、トウ子さんは全世界株式の投資信託を買ってるんだ？

うん。世界同時株安のようなことが起こる可能性ももちろんあるし、それこそ世界が破滅する可能性もゼロとはいえない。だから、絶対

に安全とはいえないけど、私は、長期的に見たら平均的にリターンがあると考えているよ。

これまでもコロナなどで下がった時期もあったけど、そのときはドルコスト平均法で安く買えるチャンスだと思ってコツコツ毎月投資を続けていたよ

投資信託の長期投資ならではの投資方法だね

 日本以外の**全世界の株式の指数は「MSCI　コクサイ　インデックス」が有名**だよ。世界株式のインデックスファンドの例はこんな感じ

■ 全世界株式のインデックスファンドの例

- ・eMAXIS Slim全世界株式（オール・カントリー）
- ・SBI・全世界株式インデックス・ファンド（雪だるま（全世界株式））
- ・楽天・全世界株式インデックス・ファンド

米国株インデックスファンドを買っている理由

 知っての通り、**アメリカは世界一の経済大国**だよね。アメリカには世界的に有名な企業がたくさんあるよ

Amazon に Apple にテスラに…有名な企業がたくさんあるね

 日本からアメリカの個別株を買うこともできるけど、投資信託ならお手軽にアメリカに投資できるよ。

また、アメリカの株価指数である**S&P500のインデックスファンドの過去10年の平均利回りは14%を超えているの。20年で見た場合は約8%、30年では約9.8%といわれているよ**（※〜2022年のデータ）

「米国株投資」が一時期ブームだったけど、人気がある理由がわかった気がする

 もちろん、暴落する年も伸び悩む年もあるけど、長い目で見たら過去の平均利回りはこれくらいになっている。

未来はわからないけど、過去を見ると投資する価値があると判断して、私は投資しているよ。
米国株式のインデックスファンドの例は、こんな感じだよ

■米国株式インデックスファンドの例

・eMAXIS Slim 米国株式（S&P500）
・iFreeNY ダウ・インデックス
・楽天・全米株式インデックス・ファンド

連動する指数にはS&P500やNYダウなどがあって、指数によって組入銘柄の特色が出るから、どの指数に連動しているかもチェックしてね

REIT インデックスファンドを買っている理由

REIT は分配金が大きい傾向にあるのが特徴。
分配金が大きいと、基準価額が横ばいでも徐々に資産は増えていくことになる。そしてもちろん私は分配金を再投資に回しているから、複利の効果を得られているよ。
リートは投資信託の中でも好き嫌いが分かれるけど、個人的には好きだから、少しだけ取り入れるようにしてるよ。

リートのインデックスファンドの例はこんな感じ。ちなみに「Jリート」というのは日本の不動産のことだよ

■リートのインデックスファンドの例

・Smart-i　Jリートインデックス
・Smart-i　先進国リートインデックス
・たわらノーロード　国内リート

以上が私の買っている投資信託でした。

私の購入している投資信託は、あくまで私が好きで買っているものという一例だから、みなさんは自分の投資スタイルに合わせて、選ぶようにしてくださいね

2024年から新しくなる NISAを活用する

投資信託を買うなら「NISA口座」で

 投資信託はどこで買うか覚えているかな？

もちろん。証券会社だよね

 正解！　株や投資信託などの投資商品は証券会社や銀行などで買うんだったよね。
ちなみに、普通の証券口座以外にも「NISA口座」を同時に作れることも覚えてる？

うん。NISAは投資信託の利益が非課税になる口座の名前だったよね。
例えば私がA証券に口座開設した場合、上限額までは利益に非課税のNISA口座で投資信託や株を購入できる…って仕組みだったはず

証券口座の中にNISA口座と課税口座がある

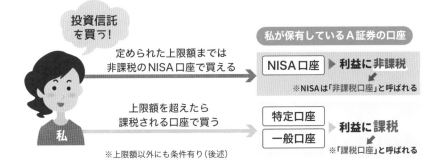

 よく覚えていたね。
「NISA」という名前が先行していて、これ自体が投資の名前だと思っている人もいるみたいだけど、NISAは投資商品ではなく、非課税口座の名前なの

NISAは株の購入にも使えるけど、特に投資信託との相性が抜群だから、投資信託で資産を増やしたいならNISA口座の活用が必須になるよ

さっきトウ子さんの話を聞いて、私は米国株のインデックスファンドを買いたいと思ったんだよね！
NISA口座で買いたいから、もっと詳しく教えて

 では、2024年からはじまるNISA、通称「新しいNISA」をベースに紹介していくね

Tips

旧NISAの制度について

ここからは2024年からはじまる「新しいNISA」を使って投資をはじめる人を想定して話を進めます。

 以下の内容はサポートページで補足説明しているよ。下のURLからアクセスしてね

- 2023年までのNISA（一般NISA・つみたてNISA）の内容
- （旧制度の「一般NISA」や「つみたてNISA」をすでに使っている人向け）新しいNISAへの乗り換え

今後「新しいNISA」の内容が変更された場合も、サポートページでお知らせする予定だよ！

▶サポートページ　https://asupublishing.com/support/00-6-nisa/

NISAという制度が作られた理由

2024年からNISAが新しくなるそうだけど、そもそもNISAはいつからはじまった制度なの？

 一般NISAと呼ばれる制度は2014年からはじまったよ。
その後、2016年には「ジュニアNISA」、2018年には「つみたてNISA」がはじまって、NISAは徐々に世の中に浸透していったの

一般NISAに、つみたてNISAに、ジュニアNISA……。
NISAって3種類もあったんだね。ちょっとややこしいなぁ

ちょっとわかりにくいよね。でも、**2024年の改正でNISAは一本化されることになった**の。
これまでのNISAと区別するために、2024年から生まれ変わったNIISAのことは、「**新NISA**」や「**新しいNISA**」と呼ばれることもあるよ

新しいNISAは、以前よりわかりやすいシンプルな仕組みになったんだね？

……。
では、金融庁にある2024年からのNISAの解説図の内容を見てみよう

2024年からのNISAの内容（金融庁HPより引用）

	つみたて投資枠 （併用可）	成長投資枠
年間投資枠	120万円	240万円
購入方法	つみたて投資（定期購入）のみ	スポット購入・つみたて投資（定期購入）の両方が可能
非課税保有期間	無期限化	無期限化
非課税保有限度額（総枠）	1,800万円 ※簿価残高方式で管理（枠の再利用が可能）	
		1,200万円（内数）
口座開設期間	恒久化	恒久化
投資対象商品	長期の積立・分散投資に適した一定の投資信託	上場株式・投資信託等 ①整理・監理銘柄②信託期間20年未満、毎月分配型の投資信託及びデリバティブ取引を用いた一定の投資信託等を除外
対象年齢	18歳以上	18歳以上

……。シンプルとは？

わかりにくいよね。
でも、NISAは最高にお得な制度だから活用しなきゃ損。頑張って理解しよう

なんたって投資の利益が非課税になるんだもんね。使わなきゃ損だから、ちゃんと勉強しなきゃ！
でも、普段は何かと税金を取りたがる国が、こんなお得な制度を作ったのは、ちょっと意外だな

国がNISAを作った狙いは、国民の資産形成を促進したいからだよ。
「利益を非課税にする超お得な制度作ってあげたから、これを使って、投資して金を作ってくれ〜」ってことだね

ほう……

この「NISAは国民の資産形成を促進するための制度」というところは、NISAを理解するのに大事なポイントだから覚えておいてね。
では、NISAの内容を見ていこう！

新NISAの特徴①
非課税保有限度額は1,800万円

まず1つ目。NISA口座では、合計で1,800万円まで買い付けが可能だよ。
最大1,800万円分まで非課税枠に投資できるってことだね

1,800万!?　思ったより多いな。
私の給料じゃNISAの枠を全部使いきれないかも

例えば毎月3万円ずつ投資信託を買ったとしたら、1,800万円の枠を埋めるのに約50年かかるね。
それほど大きな非課税枠を得ることができるんだよ

新NISAの特徴②
「つみたて投資枠」と「成長投資枠」がある

NISA口座は、次の2つの枠に分かれている。

❶つみたて投資枠　❷成長投資枠

そして、この2つの枠の合計の上限が1,800万円に決まっている

NISA口座の中に、「つみたて投資枠」と「成長投資枠」っていう2つの枠があるの?

そう。1つのNISA口座の中に「つみたて投資枠」と「成長投資枠」という2つの枠があるよ。
そして、それぞれの枠で、「買える投資商品の種類」と「買い方」が違うのが特徴だよ

> **NISAの中に2つの枠があり、「買える商品」と「買い方」が違う**

NISA口座

つみたて投資枠	2つの枠がある	成長投資枠
長期運用に適している株式が含まれた投資信託が買える。	買える商品	上場株式、投資信託など幅広い銘柄が買える。つみたて投資枠の商品も買える。
つみたて投資(定期購入)でのみ買える。	買い方	スポット購入・つみたて投資(定期購入)両方可能。

NISA口座は
お弁当箱みたいに
2つの枠に分かれて
いるんだね

つみたて投資枠　　成長投資枠

例

NISA口座

なんでこんなふうに分けてるの?

では、それぞれの枠について見ていこう

新NISAの特徴③
つみたて投資枠では定期購入しかできない

NISAの話の前に、投資信託には積み立て投資（定期購入）とスポット購入の2つの買い方があるのを知っておこう

積み立て投資は、投資信託を毎月○万円買っていく…っていう投資方法だったよね？

そのとおり。積み立て投資は、買うタイミングと金額を一定にする購入方法だよ。
それに対して、好きなタイミングで好きな金額で買う購入方法のことをスポット購入と呼ぶ

普通の買い物みたいに、好きなときに買うことを「スポット購入」っていうんだね

そう。ここでNISAの話に戻ろう。

NISAの「つみたて投資枠」は名前の通り、積み立て投資に使う用の投資枠になっているんだよ。つまり、スポット購入は成長投資枠でしか行えない。
ちなみに、成長投資枠では積み立て投資も可能だよ

積み立て投資（定期購入）とスポット購入で使える枠が違う

毎月3万円ずつ
投資しよう！

＝
つみたて投資

つみたて投資枠
成長投資枠

どちらも使える

好きなときに
好きなだけ買うぞ！

＝
スポット購入

成長投資枠

だけしか使えない

積み立て投資は、どっちの枠でもできるんだね

 そうなの。だけど、「つみたて投資枠」と「成長投資枠」では買える商品の種類が違うんだよ。次はそれを見てみよう

新NISAの特徴④
それぞれの枠で買える商品が決まっている

 「つみたて投資枠」と「成長投資枠」では買える商品の違いは、次の図のようになっているよ！

つみたて投資枠と成長投資枠で買える商品の違い

つみたて投資枠で買える 金融商品	・金融庁が定めた株式の投資信託（株式を含む投資信託）
成長投資枠で買える 金融商品	・国内株式（現物取引のみ） ・投資信託（つみたて投資枠で買えるものを含む） ・外国株式 ・海外ETF　など

 「つみたて投資枠」で買える投資信託は、金融庁によって決められているというのがポイントだよ。
金融庁が「この中から選んで買ってね！」とリストアップしている商品の中から自分の好きな投資信託を購入できるよ

なんで自由に好きな商品を買わせてくれないんだろう？

 さっき「NISAは国民の資産形成を促進するための制度」という話をしたよね？　つまり「このつみたて投資枠を使って資産を作ってほしい」と考えている。
そのため、金融庁直々に銘柄をチェックして「**この商品は長期投資向けのいい商品だ**」と思ったファンドだけしか購入できないようにしているよ。

資産形成のためには、複利を使って長期投資するのが大事だから、「つみたて投資枠」では長期投資に向いた優良な投資信託を買って、じっくり長く投資してほしいって考えているんだろうね

金融庁お墨付きの商品だけがリストアップされているってことか。
具体的には、つみたて投資枠ではどんな投資信託が買えるの？

つみたて投資枠で購入できる商品は、**売買時の手数料が無料の投資信託しかリストアップされていない**というのが特徴の1つだね。
また、**信託報酬にも上限を設けていて**（国内インデックスファンドは年0.5%以下、国内アクティブファンドは年1.0%以下など）、条件をクリアした投資信託だけになってる。

簡単にいうと、つみたて投資枠で買えるのは**手数料的に優秀な投資信託だけになっている**よ

手数料が安い商品しか、つみたて投資枠で認められていないんだ。
もともと手数料が安い投資信託を買うつもりだった私にとっては、
ちょうどよかった！

つみたて投資枠で購入が認められている投資信託のラインナップに**はインデックスファンドがたくさん含まれていて、優良な投資信託はほぼ網羅している**よ。
あなたがほしいといっていた米国株式のインデックスファンドも複数の種類が用意されているから、安心してね。

ただし、**つみたて投資枠で買える投資信託は株式の投資信託だけ。**
リートや債券の投資信託は、現在のつみたて投資枠で買えないから注意してね

そうなんだ。リートの投資信託がないのは残念だな〜

ただし、一部に株式が含まれていれば大丈夫だから、株式とリートと債券をミックスしたような**バランス型の投資信託はある**よ

つみたて投資枠は魅力的だけど、**株式の投資信託しか購入できない**点がちょっとネックだなぁ。
私はリートの投資信託や個別株にも興味があるから

大丈夫。それらは、もう1つの「成長投資枠」のほうで買えるよ

成長投資枠の特徴は、つみたて投資枠よりも多くの種類の投資商品が買えること。

成長投資枠にも一応商品の縛りはあって、非上場株式や信用取引などは買えないなどの縛りはあるけど、これらはそもそも初心者が手を出しにくいような商品だから、特に問題ないと思う。
初心者が手を出したいような株や投資信託は、ほぼ「成長投資枠」で買えると思っていいよ。
選択肢の自由度が高いのが、成長投資枠の特徴。自分が「成長しそうだな〜」と見込んだ投資商品を買い付ける枠になっているよ

成長投資枠は海外の個別株も買えるんだ。私のほしかったリートも
購入できるみたいでうれしいよ

そうだね。
もちろんつみたて投資枠でリストアップされている投資信託も成長投資枠で買えるから、**「基本的な投資商品はほぼ全部買える枠」が成長投資枠だと思っていたらOKだよ！**

成長投資枠とつみたて投資枠は、1人で両方使えるんだよね？

もちろん。ただし、利用にはいくつかの決まりごとがある。今から見ていこう

新NISAの特徴⑤
「つみたて投資枠」と「成長投資枠」の合算が
生涯投資枠（1,800万円）になる

NISAで投資できる上限金額は覚えている？

1,800万円！

正解！
「つみたて投資枠」と「成長投資枠」の合算で1,800万円が上限金額になっているよ。この1,800万円の枠は「生涯投資枠」と呼ばれることもあるよ。

注意点としては、成長投資枠で使っていいのは1,200万円までということ。成長投資枠だけで1,800万円を埋めることはできない決まりになっているよ

「つみたて投資枠」と「成長投資枠」の合算で1,800万円まで投資できる
※ただし成長投資枠は1,200万円が上限

上限1,800万円

○ | つみたて投資枠 900万円分購入 | 成長投資枠 900万円分購入 |

私は2つの枠を半分ずつ使っています

○ | つみたて投資枠 1,800万円分購入 |

僕はつみたて投資枠だけ使いますよ

○ | つみたて投資枠 300万円分購入 | 枠の残りあと1,500万円分 |

自分のペースで
少しずつ埋めていってます！

○ | つみたて投資枠 あと600万円分 | 成長投資枠 1,200万円分購入 |

成長投資枠をフルに使っています

✕ | 成長投資枠 1,800万円分購入 |

成長投資枠の上限は1,200万円なのでこれは不可

なるほど。

> ・「つみたて投資枠」と「成長投資枠」の合算で1,800万円まで
> ・成長投資枠の上限は1,200万円

この2つの条件内だったら、枠の使い方や組み合わせは自由なんだね

新NISAの特徴⑥ 年間投資額が決まっている

NISAでは、それぞれの枠で年間投資額が決まっていて、「つみたて投資枠」では年間120万円、「成長投資枠」では年間240万円が、1年間に投資できる上限になっているよ

もし私がお金持ちだったとしても、1年目で一気に1,800万円をNISAに突っ込むのは無理ってこと？

うん。無理だね

> （つみたて投資枠120万円＋成長投資枠240万円）×5年＝1,800万円

だから、お金をたくさん持っている人であっても、NISAの枠を使い切るまでには最短で5年が必要になるよ

> NISAの枠の使い方はそれぞれ

資金に余裕のあるAさんの場合

最短でNISAを使い切ります

NISA 上限1,800万円				
1年目 360万円	2年目 360万円	3年目 360万円	4年目 360万円	5年目 360万円

（つみたて投資枠120万円＋成長投資枠240万円）×5年で使いきる

コツコツつみたて投資するBさんの場合

毎月5万円ずつ投資します

NISA 上限1,800万円

1年目 60万円	2年目 60万円	・・・・・・・・・・・・・・・・・・・・・・・・・	30年目 60万円

毎月5万円×12ヶ月＝年間60万円を30年でNISA枠を使いきる

資金に余裕があるときに投資するCさんの場合

お金があるときだけ投資しちゃおっかな！

NISA 上限1,800万円

1年目 5万円	8年目 100万円	10年目 15万円	枠の残りあと1,680万円分

いつ使うか、どれだけ使うかは自由！

Tips　分配金再投資を選んだら、枠を消費する

つみたて投資で分配金を再投資する場合、再投資で購入した金額も投資枠が消費されます。分配金を再投資する設定でNISAを使うなら、分配金を含めて年間投資額内に収めるようにしましょう。

分配金の再投資はNISA枠を使用する

毎月の掛金 × 12ヵ月 ＋ 分配金再投資の金額

この合計を年間投資額以下に収める

なお、分配金なしの投資信託の場合は、投資信託内部で再投資されるので枠の消費はありません。

「つみたて投資枠」で買える投資信託は、分配金なしのものが多いよ。分配金なしの投資信託なら、枠の消費を考えなくてOKだよ

新NISAの特徴⑦
売却はいつでも自由にできて、投資枠が復活する

時々、「NISAで買った投資商品は○年間は売却できない」と勘違いしている人がいるけど、それはないから安心してね。

売る時期は自由。お金が必要になった場合や、もう十分な利益が出たと思ったときなど、いつでも売却してOKだよ。

しかも、売却した分の枠は翌年に復活する。例えばNISAで600万円分購入した株を売ったら、投資枠が600万円分復活するよ

上限1,800万円

| 800万円分購入した投資信託A | 600万円分購入した株B | 枠の残り400万円 |

翌年 ・・・▶ 株Bを売却

| 800万円分購入した投資信託A | 枠の残り1,000万円 |

売却した600万円分、枠が復活！

ポイント① 枠は来年から再利用できる

復活した枠を使って、すぐに投資商品を買っていいの？

枠が復活するのは翌年からだよ。枠が復活したとしても、年間投資額以上に枠を使うことはできないから注意してね

「つみたて投資枠」では年間120万円、「成長投資枠」では年間240万円が、1年間にNISAで買える上限だもんね

ポイント② 枠は「購入額（取得価格）」で計算する

NISAの枠は「購入額（取得価格）」で計算するよ。

例えば、100万円分の株を買って、これが200万円に値上がりしたとする。この株を売却したときに復活する枠は100万円分だよ

200万円じゃないんだね。枠は「取得価格」で見なきゃいけないんだ

そう。これは枠の残りを計算するときも同じで、購入後いくら値上がりしたとしても、値下がりしたとしても、枠は取得価格でのみ計算するよ

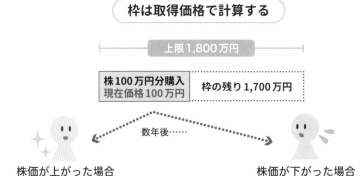

新NISAの特徴⑧ 枠内の利益は、ずっと非課税

これは今まで何度も出てきた話だね。
NISAの枠内で出た利益は、課税されない。

- ・キャピタルゲイン（売却益）
- ・インカムゲイン（配当金や分配金）（※注意点あり）

の両方の利益が非課税になるよ

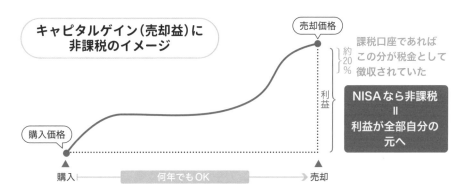

2023年までの過去のNISAには5年や30年などの非課税期間の縛りがあったのに、**2024年からの新NISAから、非課税期間が恒久化**されたよ。
50年でも60年でもずっと非課税だから、**長期投資で複利を得る投資との相性が抜群**だよ

NISAって本当にお得だよね。NISA以外の課税口座で投資したら損してしまうような気分にすらなってきたよ…

課税口座で投資の利益を得たら、約20%も課税されてしまうからね。
利益が大きければ大きいほど税金も多くなるし、投資をするならNISAの活用が必須だよね

配当金と分配金の受け取り方法で課税されてしまう可能性

配当金と分配金を受け取る場合、受け取り方によって、課税されてしまう可能性があるから注意してね。

証券口座で配当金・分配金を受け取る設定にしているなら大丈夫だけど、**「直接銀行口座に振り込んでもらう」「郵便局で受け取る」の設定にしている人は、課税されてしまう恐れがあるので注意しよう**

○	証券口座で受け取り （株式数比例配分方式）	非課税対象
×	銀行口座で受け取り （登録配当金受領口座方式）	課税対象
×	郵便局で受け取り （配当金領収証方式）	課税対象

銀行口座に振り込んでもらう方法は楽そうだし選んじゃいそうだけど……これを選んだら課税対象なんだね

うん。だから、自分がどんな方法で受け取っているか確認しようね。
証券会社サイトのマイページ等で確認できるよ

>>> 海外株の配当金・分配金の受け取りには 海外の税金がかかっている

海外の株式を運用すると、海外の税金がかかることがあるよ。
例えば今人気の米国株の場合は、配当や分配金を受け取ると、10%の海外税がかかる決まりになっている

ん？ NISAは利益に非課税だよね？

NISAは日本の税金が非課税になる制度だから、米国の分の税金はかかってしまうんだ

もし課税口座なら、日本の税率約20％＋米国の税率10％＝約30%がかかっていたってこと？

そうだよ。一応、課税口座でも確定申告で税金を減らせる方法はあるけどね。
ちなみに、米国の税金がかかってくるのは、配当金・分配金の受け取りにだけで、売却益には非課税だよ

売却益には課税されないのは助かる！

そうだよね。
ちなみに、分配金や配当金も、海外税が引かれた額で自分の元に入金されるから、あんまり払っている意識は感じないと思う

米国株の配当金や分配金には海外税がかかるのか…どうしよう？

どうもこうも、払わないといけないんだから払うしかないよ。
海外税が嫌なら、日本の株を買えばすべての利益が非課税になるけど、外国税分が引かれたとしても、それ以上にメリットがある魅力的な投資商品と思われているから米国株は人気があるんだろうね

海外税を払いたくないから、私が米国株の投資信託を買うときは分配金がないものを選ぶことにしよう

そもそも、「つみたて投資枠」でラインナップされている海外株投資信託は、分配金なしのものだけ。
分配金を投資家に配らずに、内部で再投資してくれているタイプの投資信託だけになっているよ。

だから「つみたて投資枠」での投資では考えなくていいことだけど、「成長投資枠」で海外株や海外ETFを買うときには知っておくほうがいいね

さすが！　つみたて投資枠で買える商品は、金融庁お墨付きの長期投資向けの商品だけだもんね！　ん？　ETFって何？

ETFは初心者にはちょっと難易度が高いかもしれないけど、次節で説明するね

NISAでどれくらいの非課税の恩恵を受けられるのか

それでは最後に、金山のNISA活用のシミュレーションをしてみようか！
金山はどんなふうにNISAを使ってみたいと思っている？

私は実家暮らしで少し余裕があるから、毎月5万円ずつ積み立て投資をしていきたいと考えているよ。今28歳だから、30年は続けたいな

では、月5万を利回り5%で30年間積み立て投資した場合を見てみよう。運用結果はこのようになるよ。

■ 月5万・利回り5%・30年間積み立て投資した場合のシミュレーション

・積み立てた金額 ················· 1,800万円
・増えた額 ······················· 2,361万円
・最終額 ························· 4,161万円
・非課税メリット ················· 472万円（NISAを使っていなかったらこの分は税金で徴収されていた）

※端数切り捨て

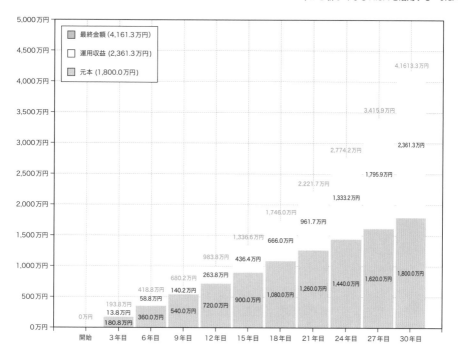

凡例:
- 最終金額 (4,161.3万円)
- 運用収益 (2,361.3万円)
- 元本 (1,800.0万円)

	開始	3年目	6年目	9年目	12年目	15年目	18年目	21年目	24年目	27年目	30年目
最終金額	0万円	193.8万円	418.8万円	680.2万円	983.8万円	1,336.6万円	1,746.0万円	2,221.7万円	2,774.2万円	3,415.9万円	4,161.3万円
運用収益		13.8万円	58.8万円	140.2万円	263.8万円	436.4万円	666.0万円	961.7万円	1,333.2万円	1,795.9万円	2,361.3万円
元本		180.8万円	360.0万円	540.0万円	720.0万円	900.0万円	1,080.0万円	1,260.0万円	1,440.0万円	1,620.0万円	1,800.0万円

30年後には4,000万円以上の資産ができているんだ！
これだけあれば、老後も安心かも！

もちろんこれはシミュレーションだし、手数料や運用利回りで変わってくるけど、「だいたいこんな感じかな？」くらいの意識でゆる〜くシミュレーションしてみると、モチベーションが沸くよね。

金融庁のサイトの「資産運用シミュレーション」で簡単にシミュレーションできるから、条件を変えて何度もやってみると面白いよ！

・金融庁：資産運用シミュレーション
https://www.fsa.go.jp/policy/nisa2/moneyplan_sim/index.html

ETFとは何？ 投資信託との違いは？

ETFって何？

次は、ETF（いーてぃーえふ）について。

ETFは「Exchange Traded Funds」の略で、日本語名では「上場投資信託」と呼ばれていて、名前の通り、「上場している投資信託」のことだよ

え——っと……

ちょっと何いっているかわからないよね。
でも、ETFは人気のある投資商品で、普通の投資信託から投資をはじめて結局ETF投資に落ち着く人も多いほど魅力的な商品だから、知っておいて損はないよ

ETFは投資信託の一種

ETFは「上場投資信託」という名前の通り、上場していて株みたいに取引ができるのが特徴だよ。
今のところ、インデックスファンドが多いのも特徴だね

ETFはインデックスファンドが多いんだ

普通の投資信託と同じで「NYダウに連動するインデックスファンド」とか「リート指数に連動するインデックスファンド」のように、たくさんの種類があるよ

株だけじゃなくて、リートもあるんだ

リート、債券、コモディティなどのさまざまな指数に連動したインデックスファンドを中心に、さまざまな種類の投資信託が用意されているよ

商品の基本的な考え方は、普通の投資信託と同じなんだけど、違うのは上場しているかどうかってところだね

投資信託が上場しているってどういうこと？

その「上場している」ってのが、意味わかんないんだよな〜

 「上場している」ということは株と同じように取引できるってこと。

ETFは株と同じように随時値段が変動していて、相場の値動きを見ながら、いつでも売買できる（取引時間内であれば）。
株は一瞬一瞬で値段が変わっていくことは覚えているよね？

覚えているよ！
それで、例えば1日などのある特定の期間の値動きを表したのがチャートのローソク足だったよね

 そう。株価をローソク足で表せるのは、常に株価が変動しているからだったよね。市場で常に売買が行われているから、一瞬一瞬で価格が変動する。

それに対して、投資信託は1日1回しか値段が変動しない。
毎日1回だけ基準価額が発表されるから、投資信託の価格の推移を示したチャートはこんな風に折れ線グラフで表示されるんだよ

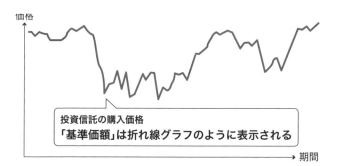

とある投資信託の価格を示したチャート

投資信託の購入価格
「基準価額」は折れ線グラフのように表示される

一方、上場しているETFは常に価格が変化するから、チャートを見るとローソク足で表示されている

とあるETFのチャート

株のチャートと同じようにローソク足や移動平均線も書いてあるね

 ETFは株と同じように市場で売買できるから、こういう形のチャートになるんだよ。
常に値段が変化して、チャートに表示できるということは、株のようにチャート分析をして売り買いをすることも可能だよ

ETFなら、投資信託で短期売買もできるってこと?

 うん。株と同じように信用取引もできるし、指値注文や成行注文など、株と同じ注文方法で売買することになるよ

ETFは信託報酬が安めになっている

 株のように売買できるETFだけど、株と違う点として信託報酬が発生するところが挙げられるよ

ETFも普通の投資信託と同じで、信託報酬が取られるんだ

 ETFは投資信託だから信託報酬は徴収されるけど、通常の投資信託よりも信託報酬が安いことが多いんだよね

それはいいね！

それもあって、投資信託よりETFを選ぶ人も多いよ。
ちなみにETFは信託財産留保額は取られない。株のように普通の売買手数料がかかるだけだよ

ETF と投資信託は分配金の扱いが異なる

ETFと投資信託では、分配金の扱いが異なるよ。

ETFの中身は投資信託だから分配金は発生するけど、普通分配金しかなくて、特別分配金はETFには存在しない

特別分配金って元本削るやつだよね。なくていいよね

まぁそうだね。
そして、もう1つ大事なのは、基本的にETFは分配金が現金で配分されるという点。
投資信託みたいに自動で分配金を再投資してもらうことができないよ（※一部、できる証券会社もある）

そうなんだ。でも再投資しなかったら複利の効果は薄いよね

分配金の利益を再投資したかったら、自分でそのお金を使ってETFを買い増しする必要があるよ

設定さえしておけば勝手に再投資してくれる投資信託の積み立て投資に比べたら、ちょっと面倒だね

ちなみに、ETFは投資信託みたいに月1回の買い付け設定もできない証券会社がほとんどだよ

ETFではドルコスト平均法は使えないんだね

そんなことないよ。自分で毎月同じ日にETFを買い付けすれば、ドルコスト平均法で投資できる

まぁ確かに

でもちょっと面倒だよね。
「その手間が面倒だから普通の投資信託の投資のほうが好き」という
人も多いんだよね

ETFは「成長投資枠」で買うのがいい

一部「つみたて投資枠」で購入できるETFもあるけど、その数はごく
少数だから、たくさんの選択肢の中からETFを選んで非課税口座で
買い付けたいなら、「成長投資枠」で購入することになるよ

ETFと投資信託、結局どっちを買えばいいの？

個人的には、初心者は投資信託のほうが取り組みやすいと思う。

理由は投資信託のほうが手間がかからなくて簡単だから。分配金の
再投資も設定しておけば勝手にしてくれるし、月1の買い付けも自
動的にしてくれるからね

でもETFの信託報酬が安いのは魅力的だな

最近の投資信託はどんどん信託報酬が下がってきているし、低コス
トの投資信託も増えてきたから、コストだけでいうとそんなに気に
しなくていいかも。

ETFは投資に慣れてからはじめても遅くないから、初心者はつみた
て投資枠を使った普通の投資信託からはじめたほうが無難かな、と
いうのが私の意見だよ

3

年金とiDeCo

年金ってどんな仕組み？

国民年金と厚生年金

年金かぁ…。給料から勝手に年金が引かれているってことはわかっているんだけど、それ以外のことはあんまり知らないんだよね

 全員が加入しているのが、「国民年金」で、これには会社員もフリーターも社長も国会議員もみんな加入しているよ。2023年現在の、国民年金の月額は1万6,500円くらい。
金額は一律で、どんなに稼いでいる人でも関係なく、みんな1万6,500円を払っているよ

そうなんだ？　年金って、給料の高い人はたくさん払っているってイメージだったのになぁ〜

 給与の額に比例して負担が大きくなるのは「厚生年金」のほうだね。「厚生年金」は、会社員が加入している年金のことだよ

私、厚生年金に申し込んだ記憶ないんだけど、ちゃんと加入できてるかな？

 会社に入社した時点で、会社の人が厚生年金に加入する手続きをしてくれているから大丈夫だよ

そうなんだ〜。よかった。
会社員である私は「国民年金と厚生年金両方に加入してる」って状態ってことでいい？　国民年金を払った記憶はないけど……

 うん。会社員は国民年金と厚生年金の2つの年金に入っているよ。

給与明細には「厚生年金」としか書かれていないから、自分は国民年金には加入していないと思っている人もいるけど、徴収された厚生年金の中に国民年金の分も含まれているから安心して

そうなんだ。知らなかった

 みんなが加入している国民年金をベースにして、会社員がプラスαで加入しているのが厚生年金だから、厚生年金は「2階建ての年金」と呼ばれることもあるよ。

ちなみに、国民年金と厚生年金を合わせて「公的年金」と呼ぶ。
ニュースなどで出てくる「年金」という言葉は、この2つの公的年金のことを指す言葉だと覚えておこう！

公的年金の2階建て構造

 2階　　厚生年金

 1階

国民年金	国民年金	国民年金
第1号被保険者	第2号被保険者	第3号被保険者

国民年金だけ加入してるよ！

僕は2階部分、あります

私も国民年金だけ！

20歳以上60歳未満の自営業、学生、無職の人など

公務員・会社員など

会社員・公務員などに扶養されている20歳以上60歳未満の配偶者（年収130万円未満）

「自営業の人はもらえる年金が少ない」ってニュースで見たことがあるけど、その理由は1階の国民年金にしか加入してないからなんだ？

 そういうことだね。
令和3年度の報告書では、国民年金だけしか加入していない人の月の支給額は約6万5,000円だったよ（40年間支払っていた場合）

え、少な!!!

 対して、同年の厚生年金の平均支給額は月額約14万4,000円。
もちろん、厚生年金は年収によって支払額が違うから個人差が大きいけど。だから、平均額はこれくらいってことで見てね

厚生年金は国民年金の倍以上あるね

 そうだね。厚生年金をもらっている人はまだいいけど、国民年金しかもらってない人は、老後を年金だけで生活するのは厳しいといわざるをえないよね

なんでこんなに差があるの？　やっぱり2階建ての部分が大きいのかな

 そうだね。単純に考えて掛け金が違うから、もらえる額も大きく違ってくる。
国民年金はどんなに稼いでいる人でも一律で1万6,000円くらいだけど、厚生年金は年収に応じてその何倍も払っているからね（個人差があります）

厚生年金って、どれくらい支払ってるの？

 厚生年金保険料は標準報酬月額の18.3％に決まっているから、給与が多い人ほど、支払いも多くなるよ。
自分がどれくらい払っているかを知りたい人は、給与明細に「厚生年金」って欄があるから、チェックしてみて

給与明細の例

健康保険	15,110
厚生年金保険	32,220

◀ 厚生年金保険の
支払額

この明細では、3万2,220円を支払っているみたいだね

 厚生年金保険料の半額は会社が支払ってくれているから、実際にはこの倍の6万4,440円の厚生年金を納めていることになるよ。

つまり厚生年金保険料18.3％のうち、半分の9.15％が自分の給与から引かれて、もう半分の9.15％を会社が払ってくれているの

会社に半分も払ってもらっていたのか。今まで考えたことなかったけど、会社ってけっこうありがたい存在なんだなぁ

厚生年金に加入できるのは、会社員の大きなメリットだね。

ちなみに、従業員への福利厚生の一環として厚生年金に上乗せ給付を行う企業年金制度を取り入れている企業もあるよ。
「従業員の老後のために、会社が一緒に年金を作ってあげよう」ってことだね。

こういった年金は、厚生年金の上に積み上げるものだから、年金の3階建て部分といわれているの

年金の3階部分がある会社もあるんだね。うちの会社はないから羨ましいなぁ

年金が3階建ての人もいる

		3階	企業年金、退職等年金給付など
	2階	厚生年金	厚生年金
1階	国民年金	国民年金	国民年金

1階だけだ

僕は2階があるよ

私は3階もあります

ふふ…

| 自営業・専業主婦（夫）など | 会社員 | 公務員・一部の会社員など |

3階建ての部分は、加入していない人には関係のないところだから、「こんなのがあるんだー」くらいに考えていたらいいよ。とりあえず、

- ・自営業・専業主婦（夫）など …………国民年金に加入
- ・会社員 ……………………国民年金＋厚生年金に加入
- ・一部の会社員や公務員 ……………公的年金にプラスして3階部分の年金がある

ってことを理解しておけばOKだよ

自分で年金を増やす iDeCo という制度

3階建ての年金の人は羨ましいなぁ〜！

 自分で年金の3階部分を作る方法があるよ。その名も、iDeCo（イデコ）。
iDeCoは個人型確定拠出年金っていうのが正式名称だけど、iDeCoで覚えておけばOKだよ。

iDeCoは、加入者に自分で老後資金を作ってもらう私的年金制度で、簡単にいうと、国が「お得な制度用意するから、これで老後資金作ってくれ〜」ってはじめた制度という感じだね

同じようなこと、NISAでも聞いたな

 それだけ、老後資金を自分で作ってほしいんだろうね。
iDeCoにはNISAにはない大きなメリットがあるから、iDeCoのことも知っておいて損はないよ

iDeCo でやることは、投資信託の積み立て投資

 iDeCoの仕組みは、とってもシンプル。
簡単にいうと、iDeCoは投資信託を使った積み立て投資なんだよ

NISAでの積み立て投資と同じってこと？

 うん。ほとんど同じ。
iDeCoで資産形成する流れは、次のような感じになるよ

■iDeCoで老後資金を作る流れ

❶ iDeCoに加入し、運用する投資信託を選ぶ

❷ 月1回、同じ金額で投資信託を買って積み立て投資をする（年1回のプランなどもあり）

❸ 積み立ては原則60歳まで続く（※65歳の場合もあり）。例えば25歳から加入した場合、積み立てを35年続けることになる

❹ 積み立てが終了したら売却して利益を得る（売却期間は60歳以降75歳までの間で自分で決められる）

確かに。私がNISAでやる予定のドルコスト平均法を使った積み立て投資とほとんど同じだ

 うん。iDeCoも結局は、投資信託の積み立て投資なの。
だけど、それを国がいろんな面で支援してくれているのが特徴だね

いろんな面で支援って？

 iDeCoでの積み立て投資には、次のようなメリットがあるよ

■iDeCoのメリット

❶ 投資信託の購入手数料がかからない

❷ 運用益が非課税

❸ 税金が安くなる（掛金が全額所得控除）

❶と❷はNISAでも得られるメリットだね？　❸の「税金が安くなる」ってのが気になるな

 そう！　この節税効果が、NISAにはない、iDeCoだけの大きなメリットだよ

iDeCoの節税効果って具体的にどんなこと？

 iDeCoで積み立てた金額（投資信託を買った金額）は全額所得控除になる。これがiDeCoの大きなメリットなんだ。
例えば、あなたが毎月2万3,000円をiDeCoで積み立てる場合、年間で27万6,000円を積み立てることになるよね？

そうだね。年間で27万6,000円分、何かの投資信託を買ってると いうことだね

 iDeCoの加入者はこの27万6,000円分が**すべて所得控除になる**。 これがiDeCoの節税効果の仕組みなんだ

その「所得控除」ってのがよくわからないんだけど

>>> 所得控除ってどういうこと？

 あなたの額面の年収を聞いてもいい？

私の年収は、大体330万円くらいだよ

 税金は、この330万にかかっているわけじゃなくて、330万からさ まざまな控除を引いたものである「**所得**」にかかるの

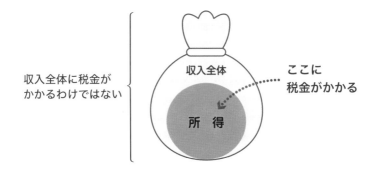

税金は所得にかかる

収入全体に税金が かかるわけではない

収入全体

所　得

ここに 税金がかかる

 だから、同じ収入でも「**課税される所得**」が小さければ税金は安くな る

同じ収入でも「所得」が違えば税金の額が違ってくる例

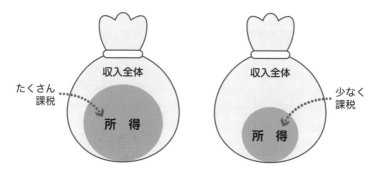

同じ収入でも所得が小さければ税金が安くなる

じゃあ、この所得を小さくする行為が「節税」ってこと？

 そのとおり。「所得控除」を受けると所得が小さくなるよ。

iDeCoで積み立てた額は、全額所得控除になるから、さっきの例で
いうと、27万6,000円分、所得を小さくできるの

27万6,000円分所得控除する例

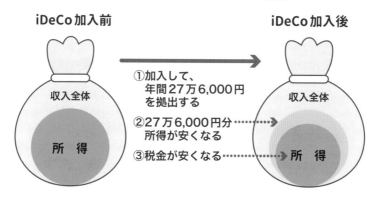

なるほど。27万6,000円分税金が安くなるんじゃなくて、27万
6,000円分が所得控除されるんだね。
その結果、いくらくらい税金が安くなるのかな？

節税できる金額は、年収や職業、企業年金のあるなし、iDeCoにどれだけお金を運用するかによって変わってくるよ

 私は、会社員の28歳で年収330万円だよ。うちの会社には企業年金はないね

 もしあなたが、月2万3,000円をiDeCoで運用するなら、年間で4万1,400円の節税になる。**毎年4万1,400円、税金が安くなるってことね。**

65歳までiDeCoを続けたとすると、37年間で153万1,800円節税できることになるの

 153万円！？

 ただiDeCoで積み立て投資をしているだけなのに、**毎年4万円も税金が安くなるって、すごくお得だと思わない？**

 確かに、税金が4万円安くなるってことは、手取り収入が4万円増えるのと同じことだもんね。めちゃくちゃお得な気がしてきた！

所得がない人は注意

 ここで1つ考えてほしいのが、**iDeCoの節税効果は所得控除ってところだよ。**
つまり、そもそもの所得がなければ控除のプレゼントの意味がないってこと

 無職や主婦の人など、所得がない人には節税効果がないってことでいい？

 そうなの。「主婦だから、夫の所得を控除してもらう」ってこともできない。
iDeCoはあくまで「**自分で自分の老後資金を作ろう**」って制度だからね。ここは覚えておいてほしいポイントだよ

iDeCoで老後資金を作る仕組み

iDeCoで老後資金を作る仕組みをおさらいしておくね

■iDeCoで老後資金を作る仕組み

- iDeCoの掛金を決める（※掛金のことは「拠出金」という）
- 拠出金で購入する投資信託を決める
- 毎月積み立てていく
- 原則60歳（65歳まで可能の場合あり）まで積み立てを続ける。60歳以降になるとお金を一括で受け取るか分割で受け取るかを決められる

普通の投資信託の積み立て投資とほとんど同じだよね

だけど、普通の投資信託の積み立て投資と違うところが4つあるよ

■通常の積み立て投資とiDeCoの違い

❶ 加入条件がある（年齢、年金加入状況）

❷ iDeCoは原則60歳になるまで現金化できない

❸ 掛金が全額所得控除になる

❹ 運用益が非課税

❺ 購入時手数料が無料

❹と❺はNISAでも見たことがあるメリットだね。
❸の掛金が全額所得控除のメリットはすでに教えてもらったから、❶の加入条件と❷の60歳まで現金化できないというところが気になる

原則60歳まで現金化できないという点は、iDeCoのデメリットと考える人も多い特徴なんだよ。
通常の投資ならお金が必要になったら解約して現金に戻すことができるけど、iDeCoは原則60歳になるまで受け取りができない。

これはNISAでやるような通常の積み立て投資との一番大きな違いで、iDeCoはとても魅力的な制度だけど、**60歳まで資金拘束される点をデメリットと感じて、取り組みたくないと考える人もいるの**

確かにちょっと不安かも……。なんで資金拘束なんてするんだろう？　NISAには資金拘束なんてないのに

それには、国がNSIAとiDeCoを作った「狙い」の違いが関係しているよ

国がiDeCoを作った狙い

国がNISAを作った狙いは、国民に資産運用を促して、自分でお金を増やしてもらうためだったよね

iDeCoも基本的には同じだけど、NISAと違って、**iDeCoには「国民に自分で老後資金を作ってもらう」という明確な目的がある**

「この金は、老後に使えよ」ってことか

そう。iDeCoは老後資金専用の仕組みだから、途中で引き出さずに、老後までしっかり長期投資をしてほしいと考えている。

iDeCoの公式サイトでも「長期・積み立て・分散投資」を大きくアピールしているよ。「長期で投資信託の積み立て投資をしてほしい」って考えているのがわかるよね

※iDeCo公式サイトより引用　https://www.ideco-koushiki.jp/learn/primer/03.html

「長期・積み立て・分散」といえば、投資信託だもんね。
関係ないけど、iDeCoのサイトにいるキャラクターかわいいね。
アザラシ…？

iDeCoの公式サイトはイラストが多くて可愛いの。
iDeCoをはじめる前に、ぜひチェックしてね

iDeCo、私もはじめてみたくなっちゃった！　NISAとiDeCoは同時に両方やってもいいんだよね？

もちろん両方できるよ！

iDeCoに加入できる条件

iDeCoは加入資格があるらしいけど、私も加入できるかな？

加入資格っていってもほぼ年齢の話だから、働き世代の日本人ならほぼ全員加入できると考えてOKだよ。
iDeCoの加入資格をざっくりいうとこんな感じ

・日本在住の20歳～65歳の人
・国民年金の被保険者（加入者）　　　　　　　　※例外あり。次ページ参照

日本在住で年金を支払っている20歳～65歳の人が加入できるんだけど、この「年金を払っている人」というのがポイント。例えば個人事業主の人は60歳で国民年金の支払いが終わるから、原則60歳までしかiDeCoに加入できない。一方、会社員で60歳を超えても厚生年金に加入している人なら、65歳まで加入できることになるね

ふむふむ。iDeCoは老後資金を作る制度だから、年金を払っている側の働き世代の人が対象なんだね

そう。20歳～60歳までで年金を支払っているなら、ほとんどの人が加入できるんだけど、

・勤めている会社の企業年金の額が多い
・60歳以上

の人たちは、加入条件が少し複雑になってくるから、自分のケース
を調べてみてね。

iDeCoの加入資格（iDeCo公式サイトより引用）

加入区分	加入対象となる方	加入対象とならない方
国民年金の 第1号被保険者	20歳以上60歳未満の自営業者と その家族、フリーランス、学生など	■農業者年金の被保険者 ■国民年金の保険料納付を免除（一部免除を含む）されている方（ただし、障害基礎年金を受給されている方等は加入できます）
国民年金の 第2号被保険者	厚生年金の被保険者（会社員、公務員等）※	■お勤め先で加入している企業型確定拠出年金の事業主掛金が拠出限度額の範囲内での各月拠出となっていない方 ■マッチング拠出（加入者も掛金を任意で拠出）を導入している企業型確定拠出年金（企業型DC）の加入者の方で、企業型DCでのマッチング拠出を選択した方
国民年金の 第3号被保険者	厚生年金の被保険者に扶養されている20歳以上60歳未満の配偶者	—
国民年金の 任意加入被保険者	国民年金に任意で加入した方 ・60歳以上65歳未満で、国民年金の保険料の納付済期間が480月に達していない方 ・20歳以上65歳未満の海外居住者で、国民年金の保険料の納付済期間が480月に達していない方	—

※65歳以上の厚生年金被保険者で加入期間が120月以上ある方（老齢年金の受給権を有する方）は国民年金の第2号被保険者とはなりません。

下記のいずれかに該当する方は加入できません。
※iDeCoの老齢給付金を受給（一括受け取りを含む）している／したことがある（企業型DCの老齢給付金を受給している／したことがある方はiDeCoに加入できます）。
※老齢基礎年金を繰り上げ受給している（特別支給の老齢厚生年金を受給できる方が繰り上げ受給している場合を含みます）。

こういう表が出てくると、読むのが面倒で一気にテンションが下がるわぁ……

iDeCoの公式サイトに「カンタン加入診断」というページがあるから、アクセスして診断するといいよ。
加入に関する相談に乗ってくれるダイヤルもあるから、加入資格に不安がある人は、公式サイトのお問い合わせページをチェック！

・「iDeCo公式サイト：カンタン加入診断」で自分の
　加入資格を確認しよう
https://www.ideco-koushiki.jp/start/

iDeCoの掛金と運用商品

掛金の上限は職業によって違う

iDeCoでは投資信託などを買っていくお金のことを「掛金」や「拠出金」と呼び、掛金は月5,000円以上から自分で設定できるよ

iDeCoでは掛金が全額所得控除になるんだから、資金に余裕があるならたくさん拠出したほうがいいよね？
いっぱい節税できるもんね！

それは無理。
例えば主婦なら月額2万3,000円、自営業なら月額6万8,000円のように拠出金額は職業や企業によって上限金額が決まっているから、上限以上は拠出できないよ

無限に拠出できるわけじゃないんだね

■ 拠出金額上限

職　　業	掛金の上限額
自営業	月額 6万8,000円（年81.6万円） ※国民年金基金または国民年金付加保険料との合算枠
会社員 （企業年金がない会社）	月額 2万3,000円（年27.6万円）
会社員 （会社が企業型DCのみに加入している）	月額2万円 ※月額5.5万円ー各月の企業型DCの事業主掛金額（ただし月額2万円を上限）
会社員 （会社がDBのみに加入している）	月額 1万2,000円（年14万4,000円）
会社員 （会社がDBと企業型DCの両方に加入している）	月額 1万2,000円（年14万4,000円）
公務員	月額 1万2,000円（年14万4,000円）
専業主婦（夫）	月額 2万3,000円（年27万6,000円）

※2023年7月現在の情報（上限額は今後変更される可能性もあります）

私は企業年金のない会社に勤めているから、2万3,000円が上限ってわかりやすいけど、企業年金のある会社に勤めている人は上限の計算がちょっとややこしそうだね

 掛金の上限もiDeCo公式サイトの「カンタン加入診断」で確認できるから、計算が難しいと思った人はやってみてね

私は企業年金なしの会社員だから、月額5,000円〜2万3,000円の間で自分の好きな金額を設定したらいいんだよね。ここは思い切って、2万3,000円をMAXで拠出しちゃおうかな〜！

 さっきもいったけど、iDeCoは60歳まで引き出すことができないから、生活費いっぱいいっぱいを設定するのはやめて、無理なく続けられる金額を設定しなきゃダメだよ

やっぱり月1万円にします…

 掛金は年1回なら変更できるから、お給料が上がって余裕ができたら金額を上げていけばいいと思うよ。

ちなみに毎月払いじゃなくて、年1回以上、任意に決めた月にまとめて拠出する方法（年単位拠出）もあるよ。
例えば年間12万円を拠出する場合、毎月1万円ずつ拠出してもいいし、ボーナス月だけ多く払うという拠出方法でもいい

年間12万円を拠出する場合の例

	1月	2月	3月	4月	5月	6月
毎月定額で拠出する場合	1万円	1万円	1万円	1万円	1万円	1万円
6月と12月に拠出する場合	0円	0円	0円	0円	0円	6万円

7月	8月	9月	10月	11月	12月	年間合計
1万円	1万円	1万円	1万円	1万円	1万円	12万円
0円	0円	0円	0円	0円	6万円	12万円

払い方は違うのに、年間拠出額は同じになっているね。ボーナス月に払う方法も検討しようっと！

運用する投資信託を選ぼう

拠出する金額が決まったら、次は、そのお金を運用する投資信託を選ぼう。
iDeCoで購入できる投資信託は、各証券会社が30個程度用意しているから、その中から選ぶよ

NISAの「つみたて投資枠」で買える商品みたいに、ラインナップが決まっているんだね

NISAの「つみたて投資枠」では「株式を含んだ投資信託」しか選べなかったけど、iDeCoは株式だけじゃなくて、債券やリートなどの投資信託も買えるよ

iDeCoのラインナップの例

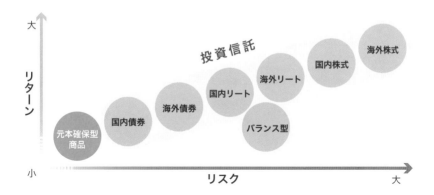

いろんな種類の投資信託から選べるのはうれしいね！
……あれ？　この「元本確保型商品」って何？

実は、iDeCoで運用する投資商品は投資信託だけじゃないんだよ。
元本確保型商品といって、元本割れのリスクのない金融商品もあるの。
具体的には定期預金などがあって、定期預金の場合は利息もつくよ

でも、定期預金の利息って、めちゃくちゃ少ないよね？

そうだね。でも「お金が増えなくてもいいから投資なんてしたくない！」って人もいるでしょ？　そういう人は、元本確保型商品がほしいと思うかもしれないよね。**元本確保型でも拠出した金額は全額所得控除になるから節税効果はあるよ。**

iDeCoには債券型の投資信託もあるし、なるべくローリスクで運用したい人にも優しい制度になっているんだよ

投資をしたくない人にも、iDeCoに参加してほしいんだろうね！
私は、何で運用しようかなぁ〜

いくつかの商品を組み合わせて運用することもできるよ。
例えば、毎月1万円を拠出して5,000円ずつ2つの投資信託を買うなど、自分の好きな組み合わせと分配を決められるよ

運用商品の組み合わせ方は自由

（例）掛金1万円を運用する場合

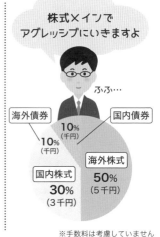

※手数料は考慮していません

積み立ては原則60歳まで続ける

掛金と運用する商品が決まったら、あとは毎月積み立てていくだけ。原則60歳まで続けることになっているから、それまで淡々と積み立てを続けよう

私は今28歳だから、60歳まで32年間積み立てることになるね。気の遠くなるような長さだ…

会社に勤めていて厚生年金に加入しているなどの場合は、65歳まで積み立てを続けることも可能だよ

60歳以降に受け取る

iDeCoは通常の年金制度をベースにした制度だから、年金の支払いを終えると、iDeCoの積み立ても終わる。
積み立てが終わると、いよいよ受け取りのフェーズに入るんだけど、60歳でお金を受け取ることができるのは10年以上積み立ててきた人だけ。
8年以上10年未満の人は61歳から、6年以上8年未満の人は62歳から……というように、積み立て期間が10年未満の場合は、後ろにズラされることになるから注意してね

60歳でお金を受け取ろうと思ったら10年の積み立てが必要だから、50歳までにはじめなきゃいけないんだね

積み立ててきた期間に応じて、受け取り開始年齢は変わってくるから、50歳以降にiDeCoを開始した人は、自分がいつから受け取り可能か公式サイトで確認するようにしよう！

ちなみに、60歳以降に受け取れるようになるけど、必ず60歳に受け取らなきゃいけないわけじゃない。
60〜75歳までの間で自分の好きなタイミングを指定して受け取ればOK。運用が順調なら、75歳まで受け取らずに値上がりするのを待っていてもいいわ。

ただし、60歳（人によっては65歳）以降は積み立てはできないから、これまで買ってきた投資信託を運用するだけの時間になるよ

受け取り可能な年齢になっても、お金がすぐに必要じゃないなら、運用を続けてもいいよね

そうだね。ちなみに、受け取り方は以下の3パターンから選べるよ。

❶ 一括で受け取る
❷ 年金として分割で受け取る
❸ 一部を一気にもらって、残りを年金として分割で受け取る

それぞれ受け取るときに控除を受けられるから、受け取り方法に関わらず、**一定金額までは非課税で受け取れるよ**

制度の改正をチェックしよう

iDeCoの受け取り方は3パターンあるんだね。
私はどの方法で受け取ろうかな。迷うなぁ～

28歳のあなたが受け取るのは32年後の話だし、今はまだ受け取り方を決めなくていいと思うよ

まだまだ先の話だもんね。受け取りが近くなってから考えればいっか

それに今受け取り方法を決めても、30年後には制度の内容が改正されている可能性もあるよね?
実際、2022年には加入できる年齢の要件が緩和され、受給開始年齢の選択肢が拡がったんだよ。
iDeCoは国民が自分で老後資金を作る大事な制度だから、これからも改正されていくと考えられるよね。**報道に注意して、最新情報を取り入れるようにしようね**

iDeCoでいくらの老後資金を作れるのか

証券会社などがiDeCoのシミュレーターを公開してくれているから、これを使うと将来受け取る金額と節税効果をシミュレーションできるよ。ここでは「個人型確定拠出年金ポータル」にあるシミュレーターを紹介するから、ぜひやってみて

・個人型確定拠出年金ポータル:節税メリットシミュレーション
https://www.jis-t.kojingata-portal.com/about/
setsuzei.html

おお〜。さっそくやってみるね！

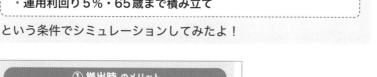

- 28歳・年収330万円
- 企業年金なしの会社に勤めている
- 掛金は月1万円
- 運用利回り5%・65歳まで積み立て

という条件でシミュレーションしてみたよ！

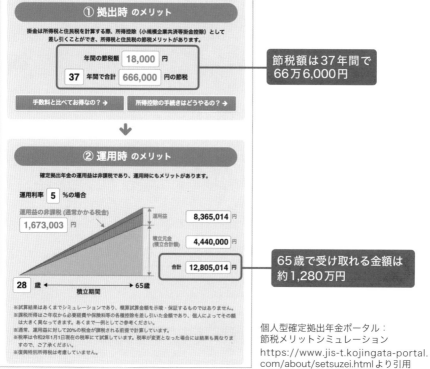

① 拠出時 のメリット

掛金は所得税と住民税を計算する際、所得控除（小規模企業共済等掛金控除）として
差し引くことができ、所得税と住民税の節税メリットがあります。

| 年間の節税額 | 18,000 | 円 |

| 37 | 年間で合計 | 666,000 | 円の節税 |

節税額は37年間で66万6,000円

手数料と比べてお得なの？ →　　所得控除の手続きはどうやるの？ →

② 運用時 のメリット

確定拠出年金の運用益は非課税であり、運用時にもメリットがあります。

運用利率 5 %の場合

運用益の非課税 (通常かかる税金)
1,673,003 円

運用益　8,365,014 円
積立元金(積立合計額)　4,440,000 円
合計　12,805,014 円

28 歳 ← 積立期間 → 65歳

65歳で受け取れる金額は約1,280万円

※試算結果はあくまでシミュレーションであり、概算試算金額を示唆・保証するものではありません。
※課税所得は今年度から必要経費や保険料等の各種控除を差し引いた金額であり、個人によってその額は大きく異なってきます。あくまで一例としてご参考ください。
※通常、運用益に対して20%の税金が課税される前提で計算しています。
※税率は令和2年1月1日現在の税率にて試算しています。税率が変更となった場合には結果も異なりますので、ご了承ください。
※復興特別所得税は考慮していません。

個人型確定拠出年金ポータル：
節税メリットシミュレーション
https://www.jis-t.kojingata-portal.
com/about/setsuzei.htmlより引用

シミュレーション結果では、

- 年間の節税額……………………1万8,000円(37年間で66万6,000円)
- 65歳で受け取れる金額… 約1,280万円

となっているね

あくまでシミュレーションだけど、月1万円の拠出で1,280万円もの老後資金が作れるかもしれないと思うと、やる気が出てきたな！

iDeCoの手数料と
加入申し込み時の注意点

iDeCoは手数料に気をつける

ここまでも口を酸っぱくしていっててきたけど、投資では手数料を安く抑えることがとても大事。
iDeCoも結局は投資信託を使った資産運用なわけだから、手数料はしっかりチェックしよう

たった1%の手数料の差が、運用成績に大きな差をつけるっていっていたよね

iDeCoにかかる手数料と税金

iDeCoで資産運用するときにかかる手数料や税金は、大きく分けて、3種類あるよ

■ iDeCoでかかる手数料は大きく分けて3種類

・投資信託の信託報酬（自分が買う投資信託によって変わる）
・iDeCoの仕組みに支払う手数料（参加するだけでかかる手数料）
・iDeCoの掛け金にかかる税金

iDeCoの手数料① 投資信託の信託報酬

信託報酬は、通常の投資信託の投資でもかかる手数料だよね。投資信託の運用にかかる手数料で、選ぶ投資信託によって変わってくるから、なるべく信託報酬の安い投資信託を選びたいよね

信託報酬が安い投資信託といえばインデックスファンドだよね。
iDeCoでも手数料の安いインデックスファンドは人気で、多くの人が運用商品に選んでいるよ。
ちなみに、私も米国株式のインデックスファンドをiDeCoのメインにしてるよ

iDeCoの手数料② iDeCoの仕組みに払う手数料

次は、「iDeCoの仕組みに支払う手数料」。
この手数料を支払うタイミングは大きく分けて3回。

❶ 加入時
❷ 運用中
❸ 受け取り時

そして、❷運用中の手数料はiDeCoを申し込む金融機関によって変わってくる

iDeCoの仕組みにかかる手数料

	どの金融機関でも必ずかかるお金	金融機関によって変わる手数料
加入時（一回のみ）	2,829円	
運用中（毎月払い）	171円 ※運用指図者になると66円	0円〜418円
受取時（一回ごと）	440円	

ここに注目！

※さらに運用中は選んだ投資信託の信託報酬がかかる

金融機関によって変わる手数料があるんだね。金融機関っていうのは、自分が申し込む証券会社や銀行のことだよね

そう。iDeCoの手数料の支払い先は

❶ 国民年金基金連合会
❷ 信託銀行
❸ 金融機関（自分で選ぶ）

の3つなんだけど、❶と❷はどの金融機関に申し込んでも同じ金額がかかる。
でも、❸の金融機関は自分で選ぶから、できるだけ手数料が安い金融機関でiDeCoを申し込むようにするのがおすすめだよ。

特に、元本確保型商品（定期預金など）でiDeCoを運用しようと思っている人は、より手数料に敏感になったほうがいい。

利息が低い定期預金では、特に最初のほうは手数料が利益より大きくなることがあるということを覚えておこう

やっぱり手数料は安く抑えたいよね

 証券会社の取り分が0円の場合、運用中の手数料が月額171円になるから、手数料を安く抑えたいなら運用手数料をチェックしよう

■運用中手数料が171円の証券会社の例（執筆時点）

> 楽天証券・SBI証券・松井証券・マネックス証券・イオン銀行
> ※この他にもたくさんあります

有名なネット証券会社は、運用中の証券会社の取り分を0円にしているところが多いんだね

iDeCoの手数料③ 掛金にかかる税金

 「特別法人税」は、iDeCoの掛金にかかる税金で、なんと積み立て金額全額に対して年率1.173%を課税するという鬼畜な制度だよ

iDeCoは利益が非課税なのに、積み立て金額に税金がかかるの？
積み立て金額全体ってことは、年数が経てば経つほど税負担が大きくなるってこと？　人の心とかないんか？

 実は、この特別法人税は今のところ凍結されていて、払わなくていいことになっている。
ただし、現在は凍結されているだけだから、いつ凍結が解除されて復活するかわからない。金融機関は、凍結ではなく特別法人税の廃止を求めているよ

よかった～

運用指図者とは？

そういえば、さっきの表で「運用指図者になると月額の手数料が66円」ってなってたけど、この運用指図者って何？

運用指図者ってなに？

	どの金融機関でも 必ずかかるお金	金融機関によって 変わる手数料
加入時 （一回のみ）	2,829円	
運用中 （毎月払い）	171円 ※運用指図者になると66円	0円〜418円
受取時 （一回ごと）	440円	ここに 注目！

運用指図者は、「新たな積み立てはせずに、これまで買ってきた投資信託を運用するだけの人」のことよ。
iDeCoの新規積み立ては60歳（人によっては65歳）で終わるけど、75歳まで運用できるって話をしたよね？
このとき、「運用指図者」になるよ。新規積み立てはしないけど、手持ちの投資信託は運用している状態だね

新規積み立てをしない場合は、月の手数料が安くなるんだね。
もし、急に無職になったりしてiDeCoに積み立てができなくなったら運用指図者になることもできるの？

なんらかの事情で拠出できなくなった場合は、運営管理機関に連絡して、運用指図者になることができるよ

iDeCoに加入申込みをする

iDeCoを行う証券会社を決めたら、いよいよ加入申し込みだね。

会社員の場合は、公式ホームページから申し込みをしたら必要な申込書が家に送られてくるから、必要事項を書き込んで返送することで、加入申し込みが完了するよ。

ちなみに、勤め先の会社にも「事業主証明書」という書類に記入してもらう必要があるよ

え、なんで！

iDeCoは職種や企業年金の有無によって掛け金が変わってくるから、あなたの職種の証明を会社にしてもらう必要があるの

会社の人に怒られる？

自分のお金で掛け金を払うんだから、会社は関係ないよ。少し記入してもらうだけだから、特に手間もかからないし

なんとなく、会社の人にiDeCoをはじめることを知られたくないなぁ…

2024年12月からは、会社員でも事業主証明書を提出せずにiDeCoに加入できるようになる予定だよ。
どうしても会社に知られたくないなら、2024年12月まで待つのも1つの手だね

iDeCoの引き落としは毎月26日

iDeCoの掛け金の引き落とし日は、**毎月26日**に決まっているから、前日までに引き落とし口座にお金を入れることを忘れないでね

NISAの積み立てと違って、好きな日付を選べないんだね

ちなみに、iDeCoの掛金は、会社が対応していたら給与から天引きしてもらうこともできる。
引き落とし口座にお金を入れ忘れる心配がある人は、引き落としが可能かどうか会社に聞いてみるといいよ。

会社の給与から引き落とすようにしていたら、年末調整で所得控除の申告を自分でしなくていいから楽だし。

会社が天引きに対応していたとしても、自分の口座から毎月引き落としてもらう方法を選ぶことも可能だから、好きなほうを選ぼうね

iDeCoとNISAの比較と併用する場合の考え方

iDeCoとNISA両方やるという選択肢

iDeCoとNISAって両方できるんだよね？

iDeCoとNISAは似ているところがあるから、どちらか1つしか加入できないと思っている人もいるみたいだけど、同時に加入できる制度だよ。

NISAとiDeCoの一番の違いは、iDeCoには資金拘束があるってことだね。何度も繰り返してきたけど、iDeCoは原則60歳までお金を受け取ることができない。

対してNISAならお金が必要になったら解約して現金にすることができるから、もしものときに対応できる安心感があるのはNISAのほうだと思う

でも、iDeCoの所得控除は魅力的だよね。NISAには所得控除の効果はないし

それぞれのメリットをちゃんと把握して、自分にあった方法で使用するのがいいよね

iDeCoとNISAを併用するときの考え方

iDeCoの資金拘束に不安を覚える人には、投資に回せるお金のうちで、もしものときに現金化したい金額をNISAに、それ以外の「なかったことにできる」金額をiDeCoで積み立てるようにすると、比較的安心だと思う

iDeCoに拠出するのは、なかったとしてもいいと考えられる金額にすればいいってことだね

NISAと iDeCoの併用例

投資に使えるお金

もしものときに
現金化したいお金

なかったことに
できる金額

NISAへ

iDeCoへ

iDeCoの所得控除を利回りとして考えると大きい

私の感覚では、iDeCoよりもNISAのほうが使い勝手がよさそうに
感じるんだよね。やっぱり原則60歳まで資金拘束されるのは不安
だもん

iDeCoの資金拘束をネックに思う人も多いけど、iDeCoの所得控除
のメリットは大きいよ。
年間4万1,000円税金が安くなることを、年間4万1,000円儲け
たのと同じと考えたら大きいよね。

もし、4万1,000円の利益を投資で出そうと思ったら、82万円を5
％運用しなきゃいけないんだよ

5％の運用で4万1,000円の利益を出すためには、82万円もの元本
が必要なんだ……

82万円もの元本を貯めるって、かなり大変なことだよね。
iDeCoでの所得控除を利回りと考えたら、めちゃくちゃ割のいい投
資をしているという考え方もできるよね。

NISAと iDeCoのメリットを比べて、今の自分にベストだと思う方
法を考えてみよう！

iDeCoの節税はどうやってやるの？

iDeCoの掛金は全額所得控除になるって話は何回も聞いたけど、何もしなくても所得控除になるのは、掛金を会社の給与から天引きにしている人だけだったよね？

うん。会社員だけど自分の口座から引き落としている人や、自営業の人は自分で「私は1年間にこれだけiDeCoに拠出したよ」ってことを年末調整や確定申告で申し出なければ、所得控除の恩恵を受けられない。ちゃんと自分で申請するようにしてね

どうやって申請するの？

毎年秋頃に、国民年金基金連合会というところから「小規模企業共済等掛金払込証明書」というハガキが届くから、このハガキを使って、会社員ならその年の年末調整で申請して、自営業の人は翌年の確定申告で申請するよ（会社員でも確定申告を選んでもよい）。

ちなみに、会社の給与からiDeCoの拠出金を天引きしている人はこのハガキが届かないから注意してね

> ・会社員・公務員……年末調整でiDeCoの拠出額を申請する
> 　　　　　　　　　　（確定申告でもできる）
> ・自営業……………………確定申告でiDeCoの拠出額を申請する

年末調整って、年の瀬に会社から渡される書類だよね？　あれ、今までちゃんと見たことなかったなぁ。なんだか難しそう

年末調整の方法はすっごく簡単だよ。
「小規模企業共済等掛金払込証明書」のハガキに書いてある年間拠出金額を、年末調整の「確定拠出年金法に規定する個人型年金加入者掛金」という欄に記入するだけでOK。書き終わったら、このハガキ

と一緒に会社の担当者に提出すれば完了だよ！

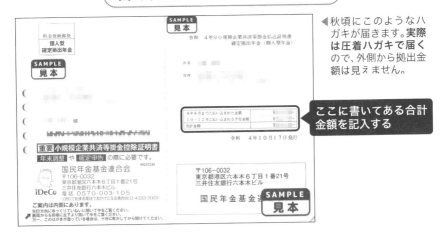

国民年金基金連合会から届くハガキ

▶秋頃にこのようなハガキが届きます。実際は圧着ハガキで届くので、外側から拠出金額は見えません。

ここに書いてある合計金額を記入する

公式サイトのアザラシのキャラクターが描いてあるから、一目でiDeCoのハガキだってわかるね。これなら間違って捨てる心配がなさそう。
控除の手続きって難しそうなイメージがあったけど、思ったより簡単で安心したよ

もし記入方法がわからなかったら、勤め先の会社の担当者に聞いたら教えてくれるはず。提出しないと所得控除されないから、絶対に提出すること！
とはいえ、年末調整の提出を忘れてしまっても大丈夫。翌年の2月〜3月の確定申告で申告すれば間に合うよ

自営業の人や年末調整が間に合わなかった会社員は確定申告を行う

自営業の人などが行う確定申告でも、基本的な方法は同じ。
「小規模企業共済等掛金払込証明書」のハガキに書いてある年間拠出金額を、確定申告の「小規模企業共済等掛金控除」の欄に記入するだけでOKだよ

iDeCoで住民税と所得税が安くなる

そういえばさ、iDeCoで所得控除で税金が安くなるのはわかったんだけど、具体的にどんな税金がどんなふうに安くなるんだっけ？

 iDeCoで所得控除されると、住民税と所得税が安くなるよ。
会社員が年末調整した場合、所得税は安くなった分が現金で還付されて、住民税は翌年の払う分が安くなるよ

所得税は現金で還付されるんだ。うれしいなぁ！

⟫⟫⟫ 会社員が年末調整した場合

 年末調整で拠出額を申請すると所得控除されて、払いすぎていた所得税が現金で還付されるの。
早ければ12月末～翌年1月の給与に含まれる形で還付されるから、給与の明細書をチェックしてね。

住民税は現金で返ってくるわけじゃなくて、翌年の6月から1年間の住民税が安くなるよ

会社員が年末調整した場合のiDeCo節税スケジュールの例

2023年 12月末	2024年 翌年1月頃	2024年 6月頃
2023年に拠出した金額を年末調整で申告する	2023年に払いすぎていた所得税が現金で還付される（給与に含まれる）	住民税が安くなる（2024年6月～翌年5月に支払う分）

ふむふむ。こういうスケジュールなんだね。住民税は、来年の6月から払う分が安くなるんだ！

 そうなの。住民税は現金での還付ではなくて、来年から支払う分が安くなるという形だから、覚えておいてね。ちなみに給与天引きでiDeCoの掛金を払っている人も同じスケジュールで控除されるよ

>>> 会社員が確定申告した場合

会社員が確定申告でiDeCoの拠出額を申告した場合のスケジュールは次の図のようになるよ。

所得税の還付がある場合、還付は4月～5月頃になる。年末調整での還付より時期が遅い＆自分の口座に直接振り込まれる点が年末調整とは違うから、気をつけてね

会社員が確定申告した場合のiDeCo節税スケジュールの例

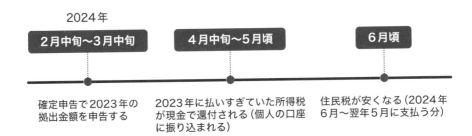

>>> 自営業の人が確定申告した場合

自営業の人が確定申告した場合のスケジュールはこのような感じ。所得税は確定申告のときにすでに安くなっているから、サラリーマンと違って現金での還付はありません

自営業の人が確定申告した場合のiDeCo節税スケジュールの例

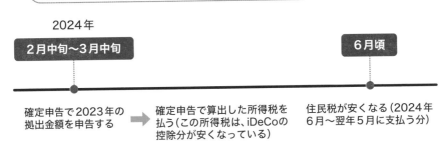

PART 4

ふるさと納税

ふるさと納税をしよう

ふるさと納税とは

ふるさと納税って言葉は聞いたことあるけど、なんのことかわからないんだよね。
私は東京生まれ東京育ちだから、いわゆる「ふるさと」って場所もないし

 ふるさと納税と実際の故郷は関係ないよ。
ふるさと納税は自分のふるさと（故郷）に納税する制度じゃなくて、**全国のどこへでも寄附できる制度**で、自分が応援したいと思う自治体に、直接ネットから寄附ができる制度だからね。

寄附する先は複数でもよくて、例えば「佐賀県上峰町と北海道白糠町に寄附する」って感じに、好きな場所に寄附できるの

複数の自治体に寄附することも可能

私は
この2つの自治体に
寄附しよう！

佐賀県 上峰市

北海道 白糖市

 しかもネットショッピングと同じように、**カード決済やコンビニ決済で手軽に寄附できる**よ

寄附はネットからできるんだね

返礼品がもらえる

 ふるさと納税のメリットは、なんといっても寄附先の自治体から返

礼品をもらえることだね

それは私でも知ってる！　新鮮なフルーツや美味しいお肉のような
地方の特産品がもらえるんだよね？

 例えば山梨県山梨市では、返礼品にシャインマスカットを用意して
いるよ（2023年時点）。

山梨県山梨市に1万円を寄附したら、山梨県山梨市が「寄附してく
れてありがと〜！」とお礼にシャインマスカットを送ってくれる、と
いうような仕組みなの

ふるさと納税の返礼品の仕組み

①1万円寄附します！

10000

Thank You

②お礼にマスカット送ります！

ふむ…。この時点では、1万円でシャインマスカットを買ったのと
同じだね？

ふるさと納税で税金が安くなる

 ふるさと納税に寄附すると、後で税金が安くなるよ

後で税金が安くなるって、iDeCoと同じだね！

 後で税金が安くなるって意味ではiDeCoと同じなんだけど、iDeCo
とふるさと納税では、税金を安くする方法が違う。

iDeCoでは拠出した金額が全額所得控除になっていたけど、ふるさ
と納税では、寄附の合計額から2,000円を引いた額がそのまま税金

から引かれる。

例えば、5万円をどこかの自治体に寄附して返礼品をもらった場合、5万円から2,000円を引いた4万8,000円分の税金が後で安くなるの

> ## ふるさと納税の流れの例（5万円を寄附した場合）
>
> ### ① 5万円分を自治体に寄附する
>
> ↓
>
> ### ② 自治体から返礼品が送られてくる
>
> ↓
>
> ### ③ 後で4万8,000円分税金が安くなる

つまり、実質2,000円で返礼品がもらえるってことになるんだね？

 そのとおり！
たった年間2,000円の負担でいろんな返礼品がもらえるってことで、ふるさと納税は人気の制度になっているよ。
贅沢品から日常で消費するような食材や雑貨まで、バラエティ豊かな返礼品が用意されているから、ほしいものが見つかるはず！

税金控除の上限額が決まっている

ふるさと納税ってこんなに簡単な仕組みだったんだね。私もやってみたいなぁ！　最近ボーナスもらったばかりだから、たくさん寄附しちゃおう！

 ちょっと待った！
やみくもにたくさん寄附したらいいってわけじゃないから気をつけて。
寄附自体はいくらでもできるけど、**税金が免除される金額は決まっていて、これを「控除上限額」というよ。**
控除上限はその人の所得や家族構成などによって違ってくるから、ふるさと納税をはじめる前に、まずは自分の控除上限額を調べよう

どうやって自分の上限額を調べるの？

「ふるさと納税　控除上限額」でネット検索すると、簡単に調べられるシミュレーションサイトがいくつか出てくるよ。
例として、ここでは「ふるさと本舗」というサイトを紹介するね

・ふるさと本舗 ｜ 寄付可能額をしらべる
https://furusatohonpo.jp/donate/sim/

さっそくやってみた！ 独身で会社員、年収330万円の私の今年度の寄附金額の目安は3万2,000円なんだって！

3万2,000円の上限を目安に、好きな自治体に寄附してみよう。
例えば、3万2,000円分の寄附なら、こんな返礼品がもらえるよ

ふるさと納税の返礼品の例（3万2,000円分）

無洗米
魚沼産コシヒカリ
3kg
新潟県魚沼市
5,000円

桃
約3kg
長野県飯田市
12,000円

ボックスティッシュ
30箱
トイレットペーパーダブル
48ロール
栃木県小山市
10,000円

黒毛和牛100%
手作りハンバーグ
150g×5個
大阪府松原市
5,000円

※2023年時点の価格です

お米に桃にティッシュまで……！　こんなにたくさんの返礼品が実質2,000円でもらえるなんて、うれしい！

お金がもらえる仕組みではないから注意

ふるさと納税って、お金をもらえる仕組みではないんだね

うん。あくまで「返礼品を実質2,000円で受け取れるからお得」というだけで、お金をもらえる制度ではないよ。

逆にいえば、**不要なものをもらうと2,000円損することになるか**ら、ちゃんとほしいものをもらうようにしてね

確かに。「まぁ、いいか」と適当に返礼品を選んだら、2,000円を支払って無駄なものを買ってるのと同じになっちゃうね

 それって本末転倒だよね。
だから私は、お米やお肉などの普段から絶対買うものをもらうようにしてるよ

ふるさと納税をしてみよう

 実際にふるさと納税の返礼品を見てみよう。
ふるさと納税は、専用サイトから簡単に寄附できるよ。

> ・さとふる
> ・ふるさと本舗
> ・楽天ふるさと納税

などのサイトが有名だよ

サイトを見てみたけど、普通のショッピングサイトと変わらないね。支払いはクレジットカード払いやコンビニ払いができるし、普通のネットショップと同じ感覚で注文できそう！

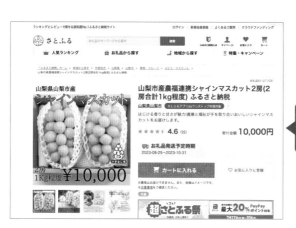

画像は「さとふる」より引用
https://www.satofull.jp/products/detail.php?product_id=1271031

もちろん、普通のネットショップと違うところもあるよ。例えば、寄附する際に寄附金の使い方を指定できるところだね。自分が寄附したお金は、「子育て支援に使ってくれ」というように、使い方を指定できるの

寄附金の使い方を指定できる

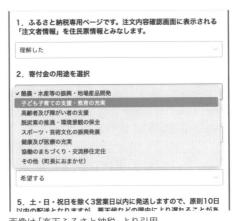

1. ふるさと納税専用ページです。注文内容確認画面に表示される「注文者情報」を住民票情報とみなします。

理解した

2. 寄付金の用途を選択

✓ 酪農・水産等の振興・地場産品開発
子ども子育ての支援・教育の充実
高齢者及び障がい者の支援
脱炭素の推進・環境景観の保全
スポーツ・芸術文化の振興発展
健康及び医療の充実
協働のまちづくり・交流移住定住
その他（町長におまかせ）

希望する

5. 土・日・祝日を除く3営業日以内に発送しますので、原則10日以内の配送となりますが、悪天候などの理由により遅れることがあ

画像は「楽天ふるさと納税」より引用

▌国がふるさと納税を作った狙いは？

自分の寄附したお金が行政でどのように使用されるかを選べるなんて、寄附しがいがあると感じるね。
ふるさと納税のことをお得なネットショッピングのように考えていたけど、ちゃんとした寄附制度だってことを思い出したよ

ふるさと納税は、過疎などによって税収が減少してしまっている地域と、人が多く住んでいる都市部との地域間格差を是正することを目的として作られた制度なんだよ。

これまでのあなたの支払った住民税は今住んでいる東京都と〇〇区の税収になっていたけど、**地方に寄附することによって、一部が地方の税収になる。**

返礼品がもらえてうれしいだけじゃなくて、地方活性化に貢献できる点も、ふるさと納税の魅力だね！

税金を安くする手続きはどうするの？

iDeCoは年末調整で控除の申告をしたけど、ふるさと納税も年末調整をするの？

 ううん。ふるさと納税は年末調整に関係ないよ。ふるさと納税の控除の申請方法には、次の2種類がある。

> ❶ 確定申告する
> ❷ ワンストップ特例制度で申請する

おすすめの方法は、❷のワンストップ特例制度。すごく手軽にふるさと納税の申請ができる制度なんだよ

すごく手軽って、具体的にどんな感じ？

 ふるさと納税に寄附する際に、「ワンストップ特例制度を使用する」にチェックを入れて寄附すると、後日、自治体から申請書が郵送で届くから、それに記入して送り返すだけで終わり。
あとは税金の手続きを勝手にやってもらえるよ

ワンストップ特例制度利用の流れ

STEP 1	STEP 2	STEP 3	STEP 4
ふるさと納税時に ワンストップ特例申請書を希望する	ワンストップ特例 申請書が届く	必要事項を 記入する	自治体に申請書 を返送する

> ✓ 選択してください
> 不要（電子データを自分で取得）
> 必要（確定申告用）
> 必要（ワンストップ特例申請書）

上記画像は楽天ふるさと納税Webサイトより引用

 ただし一つだけ注意点がある。ワンストップ特例制度の書類の返信は翌年の1月10日までに行うこと。これを絶対に忘れないで！

例えば2023年に寄附したふるさと納税は、2024年の1月10日
までに送り返せばいいってことだよね？

それでOK！　忘れないように、書類が届いたら早めに返信する習
慣をつけておくのがおすすめだよ

ワンストップ特例制度を利用できる人・できない人

すごく手軽なワンストップ特例制度だけど、残念ながら次の2つに
当てはまる人は、使えないの。

> ❶ もともと確定申告が必要な人
> ❷ 6つ以上の自治体に寄附する人

❶は個人事業主や20万円以上の副業収入がある会社員のような人
のことだね

副業をしていない会社員の私は大丈夫だな！　❷の「6つ以上の自治
体に寄附する人」っていうのは？

ワンストップ特例制度を使えるのは、年間のふるさと納税の申し込
み先の自治体が5つ以下の人だけという決まりがあるの。

1年間に6つ以上の自治体に寄附するなら確定申告で申請しなけれ
ばならなくなるから注意してね

> **ワンストップ特例制度を利用するなら、
> 寄附先の自治体は5つまでにする**

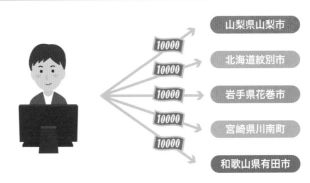

寄附先の自治体が
5つ以内であれば、
何回ふるさと納税
を行っても大丈夫
です。

10000	→	山梨県山梨市
10000	→	北海道紋別市
10000	→	岩手県花巻市
10000	→	宮崎県川南町
10000	→	和歌山県有田市

ふるさと納税の控除スケジュール

最後に少しややこしい話をしていい？　ワンストップ特例制度で申請した場合と確定申告で申請した場合で、**控除される税金の種類が変わってくるよ**

■控除される税金の額は同じだが……

> ・確定申告で申請した場合は、所得税と住民税が安くなる
> ・ワンストップ特例制度で申請した場合は、全額住民税が安くなる

控除される金額は同じなんだ？　

うん。金額は同じ。
ワンストップ特例制度で申請した場合は全額住民税からの控除になるから、iDeCoの所得税の控除のように現金での還付はないことを覚えておいてね

ワンストップ特例制度で申請した場合の控除スケジュールの例

2023年 12月末	2024年 翌年1月10日	2024年 6月頃
年内		
控除上限額以内でふるさと納税を行う	2023年分のワンストップ特例申請書をここまでに返送する	住民税が安くなる（2024年6月〜翌年5月に支払う分）

ふるさと納税をやってみよう！

投資って証券口座を開設したり色々と準備が必要だったけど、ふるさと納税はすぐはじめられるのがいいね。さっそくはじめたいけど……ふるさと納税はいつからはじめてもいいんだよね？　

もちろん、いつからはじめてもいいよ！　でも、

> ・年間で控除上限額を超えないこと
> ・ワンストップ特例制度を使うなら、寄附先を5自治体以内にすること

にだけは気をつけてね

ending

 本書を最後までご覧いただき、ありがとうございました！

 ありがとうございました！
やっと終わった〜！　さぁ、私も投資をはじめるぞ〜！

 ちょっと待った！
この本で書いていることは、英会話でいえばアルファベットと
簡単な挨拶を覚えたくらい。まだまだ勉強することはあるよ！

本書では、できるだけ浅く広く解説するために、内容を省いた
部分も多くあるから、そういった部分は今後、初心者向けの本
やネット記事を読んで勉強していこう！

ここまで読んだなら、もう「投資の初心者の本すら理解できな
い」というようなど素人状態は脱却しているはず！

私も初心者向けの本やネット記事に書いている内容が理解で
きるくらいにはレベルアップしたな！

 この本を読んだ後に読んでほしい良書やわかりやすいサイト
についてまとめた記事に、サポートページからアクセスできま
す。

サポートページでは本書の正誤表やお問い合わせフォーム、補
足記事をまとめているので、ぜひアクセスしてくださいね！

▶サポートページ
https://asupublishing.com/support/00-6-nisa/

 それではみなさま、ありがとうございました！

■ **本書について補足**

本書は執筆時点の情報をもとに、著者の独自の調査のもと執筆したものです。本書の作成には万全を期していますが、万が一誤りや不正確な情報があっても一切の責任を負わないことをご了承ください。内容に間違いがありましたら、申し訳ありませんが下記URLよりご連絡ください。

正誤表・お問い合わせ　https://asupublishing.com/support/00-6-nisa/

本書は投資の参考になるように執筆したものです。実際の投資はご自身の責任のうえで行ってください。本書を参考に投資をして結果が伴わなかったとしても、一切の責任を負うことはできません。

【著者紹介】
EditroomH
書籍やWeb記事の企画、編集、制作を行う編集プロダクション。初心者へ向けてわかりやすく解説するコンテンツ作りを得意としている。https://editroomh.com

【監修者紹介】
山﨑裕佳子
FP事務所MIRAI代表　CFP® (日本FP協会認定)
「家計の見直しでMIRAIを変える」をモットーに活動中の独立系ファイナンシャルプランナー。

【制作協力】
キャラクターイラスト (トウ子・金山)：シライサワ
カバーデザイン：株式会社グロウアップ　金森大宗
ブックデザイン・DTP：井上敬子、EditroomH
編集協力：若林智之

新NISA対応改訂版　投資ど素人が投資初心者になるための株・投資信託・NISA・iDeCo・ふるさと納税 超入門

2023年10月 3日　第1刷発行
2024年 4月10日　第3刷発行

著者　　　EditroomH
発行所　　株式会社あすパブリッシング
　　　　　〒103-0016東京都中央区日本橋小網町11-5ACN日本橋小網町ビル8F
電話・FAX　03-6824-5766
Web　　　https://asupublishing.com
Email　　info@asupublishing.com
印刷所　　株式会社シナノ
